微文案

直播、短视频、朋友圈、海报文案写作指南

流年小筑 ◎ 著

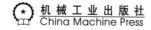

机械工业出版社
China Machine Press

图书在版编目（CIP）数据

微文案：直播、短视频、朋友圈、海报文案写作指南 / 流年小筑著 . —北京：机械工业出版社，2021.1（2022.1 重印）

ISBN 978-7-111-67400-9

I. 微… II. 流… III. 广告 - 写作 - 指南 IV. F713.8-62

中国版本图书馆 CIP 数据核字（2021）第 011040 号

微文案
直播、短视频、朋友圈、海报文案写作指南

出版发行：机械工业出版社（北京市西城区百万庄大街 22 号 邮政编码：100037）
责任编辑：孙海亮　　　　　　　　　　　　责任校对：李秋荣
印　　刷：北京诚信伟业印刷有限公司
版　　次：2022 年 1 月第 1 版第 4 次印刷
开　　本：170mm×230mm　1/16　　　　　印　　张：16.25
书　　号：ISBN 978-7-111-67400-9　　　　定　　价：79.00 元

客服电话：（010）88361066　88379833　68326294　　投稿热线：（010）88379604
华章网站：www.hzbook.com　　　　　　　　　　　　读者信箱：hzjsj@hzbook.com

版权所有·侵权必究
封底无防伪标均为盗版
本书法律顾问：北京大成律师事务所　韩光 / 邹晓东

前言 | 以小见大，我和微文案的五年

我和文字的结缘要追溯到很久之前，那时我的工作有大量与读写有关的内容，当然我也确实喜欢写作。那时撰写的文章既有闲来无事的信手涂鸦，也有经过很长时间调研的定制输出。但真要说到与微文案的结缘，那还是2015年的事，徐东遥老师的一句话，让我在文案的大世界里找到了"微文案"这一方更适合我的小世界。

2015年前后正是微商快速爆发的时期，我这个"小白"懵懵懂懂地扎了进去，但是因为那并不是适合我的"池塘"，所以我非但没找到如鱼得水的感觉，反而是束手束脚，眼看着就要半道搁浅。就在这时候，徐东遥老师知道了我的情况，他建议我做自己擅长的，一句"从成功中走向更成功"点醒了我，让我把目光从微商销售转到了写作培训。

说起来，2015年是微商爆发式增长的一年，也是规范化开始的一年，原先"无脑"刷屏、粗暴推广的那套方法开始行不通了。大量微商开始疯狂发朋友圈，但因为写不出有价值、有吸引力的内容，所以哪怕每天发几十条朋友圈，往往也是石沉大海——这就是在重复做无用功。借着这个契机，我开创了首个线上的微文案写作培训机构——"万人迷作家团"（后来更名为"小筑微文案"），主要针对从事微信营销的人士，辅导他们写出更有吸引力的内容。因为朋友圈里发布的信

息通常都很短小，只有几十个字甚至十几个字，所以我把这种文案称为微文案。

从做微文案培训开始，写作对于我就不再是单纯的爱好或者工作了，它成为我生命中最重要的一份事业。我开始思考一些问题——关于文字、关于文案、关于微文案，尝试着寻找它们和这个时代、和这个时代里的创业者到底有哪些契合点。

- 2015年11月，我根据作家团连续4期，每期连续21天的培训实况，历经一个半月时间撰写的《我是微商2：21天逆天文案修炼笔记》由机械工业出版社出版；
- 2016年，在培训之外，我开始提供微文案方面的服务输出，我和一部分核心学员一起承接了当年"411世界微商大会"的新闻报道工作，完成了260多篇人物专访、品牌报道文案，后续又成立了"写作项目服务部"，专门提供微文案策划、撰写和宣发的一条龙服务；
- 2017年，我开始为品牌方和团队方提供微文案写作内训服务；
- 2018年，小筑微文案的培训里增加了一对一的"私教"模式、线上线下结合的"私访"模式；
- 2019年，我开始尝试开发微文案在不同领域的垂直化应用，帮助特定人群实现特定需求；
- ……

2020年已经是我和微文案结缘的第五个年头，从一个人到一个团队，从第一期培训到第七十多期培训，从草创期到学员遍布全国各地，甚至遍布新加坡、马来西亚、英国、加拿大等国家，小筑微文案一直在成长，我对于微文案的思考也一直在"进化"，从最初较为单一的朋友圈应用，到更为丰富的多场景应用，再到个性化、定制化应用，最终到更具普适性的大众化应用。

这说起来有点像"看山看水"的三重境界，当然，这并不是说我已经完全看清楚了微文案的本质，而是我在这方面的思考和探索有了一个阶段性的成果。

在本书中，我将和大家分享这份成果，带大家重新认识一下微文案，帮助大家写好、用好微文案。

如果你是一个产品或品牌的经营者，本书可以帮你进行更有效的传播。

如果你是一个自媒体平台的运营者，本书可以帮你进行更有效的表达。

如果你是一个喜欢分享的社交爱好者，本书可以帮你进行更有效的互动。

哪怕你只是一个安心经营自己生活的人，本书也可以帮你进行更有效的交流。

是的，在我眼里微文案就是这样一种"刚需"工具，只要你的生活里离不开表达，那你就有必要借助本书介绍的微文案写作技巧，让你的表达更具吸引力。本书共21章，分为6篇：

- 趋势篇（第1~2章）为大家解读这个时代的信息特征，让大家了解为什么微文案这种"发声"方式更契合时代的脉搏；
- 基础篇（第3~5章）主要介绍素材积累、写作思维、卖点提炼，这是微文案写作里的三个重要基础，本篇用三章分别给出了相应的解决方案，让大家"兵马未动，粮草先行"；
- 方法篇（第6~10章）分别从短、准、精、活、感五个核心特征出发，为大家解读一条有效的微文案是怎么"炼"成的；

- 实战篇（第 11 ~ 14 章）介绍与微文案具体应用有关的内容，既有方便大家快速上手的写作框架，又有 8 种常见微文案写法，还有两种特定的微文案模式——连续剧微文案和系列式微文案；
- 场景篇（第 15 ~ 18 章）分别针对朋友圈、社群、海报以及短视频这四个典型场景，指导大家撰写相关微文案，以帮助实现更好的效果；
- 辅助篇（第 19 ~ 21 章）介绍排版技巧、配图技巧以及相关工具软件的选择和使用，这部分内容的目的是帮助大家最大化微文案的表达和传播效果。

如果用一个关键词来描述微文案的价值，我想"以小见大"是最贴切的：

- 用小篇幅传递丰富的信息；
- 以小体量发出洪大的声音；
- 让"小人物"在这个大时代里留下自己的印记。

就如同我，一个身高只有 1.46 米的"小女人"，因为微文案找到了自己的"大世界"。

本书在撰写过程中，得到了机械工业出版社孙海亮编辑的大力支持，小筑微文案的助教老师花间词、媚眼、匠人晓和橙子也提供了很多帮助，在此一并表示感谢！

我是流年小筑，一个笔尖上的舞者。我希望所有读者借助本书、借助微文案，能够实现有效的表达、有效的沟通、有效的交流、有效的宣传和推广……

目录

前言　以小见大，我和微文案的五年

第一篇　趋势篇

第1章　信息爆炸，还有多少人能听到你的声音　003

1.1　短视频、直播兴起的背后　004
1.2　碎片化信息中，人们更关注什么　005
1.3　去中心化，每个人都可以是中心　007
1.4　无处不在的微文案　008

第2章　微文案，信息大时代的刚需技能　011

2.1　从文案到微文案　012
2.2　微文案的五个核心特征　015
2.3　给微文案一个准确的定位　016

第二篇　基础篇

第 3 章　积累素材的三个方法　　021

- 3.1　"干"字阅读法　　022
- 3.2　在影视剧中寻找热点话题　　025
- 3.3　网络素材的标签化收集　　028

第 4 章　微文案思维是能训练出来的　　033

- 4.1　三种神奇的微文案思维　　033
- 4.2　用游戏来拓展思维　　036
- 4.3　联想思维训练　　036
- 4.4　发散思维训练　　039
- 4.5　逻辑思维训练　　041

第 5 章　如何提炼有效卖点　　044

- 5.1　用户为什么买单　　044
- 5.2　效果和卖点的区分　　046
- 5.3　提炼卖点的两个原则　　047
- 5.4　提炼概念性卖点的五个角度　　050

第三篇　方法篇

第 6 章　以短突破——抢夺注意力，要会长话短说　057

- 6.1　字数多不代表说服力强　058
- 6.2　长话短说的好处　059
- 6.3　凝练文字的窍门　061
  - 6.3.1　臃肿的表达往往是由三个坏习惯引起的　061
  - 6.3.2　把文案写短的三个窍门　063

第 7 章　以准制胜——引发关注前，先找到对的人　068

- 7.1　给自己一个定位　070
- 7.2　给你的价值一个定位　073
- 7.3　给你的意向用户一个定位　075

第 8 章　以精持续——抓牢用户，靠废话是不行的　078

- 8.1　什么是用户真正想要的　079
- 8.2　从发现需求到挖掘需求　081
- 8.3　用一两句话命中需求靶心　083

第 9 章　以活吸睛——把你的价值变成活动的画面　087

- 9.1　介绍和说明都是费力不讨好的事情　088
- 9.2　身临其境一次，胜过说教百次　089
- 9.3　用微文案在用户的脑海里作画　091

9.3.1 类比塑造	092
9.3.2 参照塑造	093
9.3.3 细节塑造	095

第10章　以感促动——要引导行动，先调动情绪　098

10.1 引导不是喊口号	099
10.2 在微文案里，感性比理性更可靠	100
10.3 用情绪让他们动起来	102
10.3.1 虚荣（攀比）	104
10.3.2 感动（情怀）	106
10.3.3 恐惧（厌恶）	108

第四篇　实战篇

第11章　4个步骤写出一条有效的微文案　113

11.1 写给谁看	114
11.2 告诉他们什么	116
11.3 准备让他们做什么	117
11.4 用什么话题来搭茬	118

第12章　8种常见微文案的写法　122

12.1 品牌推广类微文案	123
12.2 带货类微文案	128

12.3　反馈类微文案　　　　　　　　　　　　　134

12.4　团队类微文案　　　　　　　　　　　　　139

12.5　生活类微文案　　　　　　　　　　　　　144

12.6　互动类微文案　　　　　　　　　　　　　147

12.7　早晚安类微文案　　　　　　　　　　　　150

12.8　节日类微文案　　　　　　　　　　　　　153

第13章　连续剧微文案，故事化情节持续吸引　　**159**

13.1　什么是连续剧微文案　　　　　　　　　　159

13.2　连续剧微文案的应用场景　　　　　　　　162

13.3　连续剧微文案实战　　　　　　　　　　　163

第14章　系列式微文案，多角度扩散影响力　　**170**

14.1　什么是系列式微文案　　　　　　　　　　171

14.2　系列式微文案的应用场景　　　　　　　　173

14.3　系列式微文案实战　　　　　　　　　　　174

第五篇　场景篇

第15章　微文案，朋友圈里的圈粉利器　　**183**

15.1　重新认识朋友圈　　　　　　　　　　　　183

15.2　你的朋友圈里少了什么　　　　　　　　　185

15.3　用微文案包装你的个人品牌　　　　　　　186

15.4　用微文案展示你的个人价值　　189

第16章　微文案，社群里的黏合剂　　192

　　16.1　微文案在社群里的作用　　193

　　16.2　社群邀约微文案该怎么写　　193

　　16.3　社群欢迎语该怎么写　　195

　　16.4　社群通知该怎么写　　197

　　16.5　社群互动，你的微文案用对了吗　　199

第17章　微文案，海报上的点睛妙笔　　201

　　17.1　如何和海报的主题搭配　　202

　　17.2　风格和谐才有 1+1 > 2 的效果　　204

　　17.3　如何确定最关键的字或词　　206

第18章　微文案，短视频里的画外音　　208

　　18.1　短视频要火，标题很重要　　209

　　18.2　没有金句的短视频是不完美的　　212

　　18.3　用微文案给你的短视频留点画外音　　215

第六篇　辅助篇

第19章　花式呈现——微文案的排版技巧　　219

　　19.1　用表情符号"说话"　　220

19.2	色彩也是有张力的	223
19.3	字体、字号里的表达力	224

第 20 章　图文并茂——微文案的配图技巧　　227

20.1	文字表达和图像表达的关系	227
20.2	用三个标准判断配图的有效性	229
20.3	选择配图的具体步骤	231

第 21 章　用好三类工具，实现高效创作　　233

21.1	思维导图在微文案里的应用	234
21.2	图片处理类小工具的使用	236
21.3	视频编辑类小工具的使用	239

后记　信息大时代，每个人都该有自己的声音　　242

第一篇

趋 势 篇

第1章 CHAPTER

信息爆炸，还有多少人能听到你的声音

很幸运，我们身处一个前所未有的大时代！

这个时代有很多标签，比如移动互联网时代、全民创业时代、追梦时代……但在这里我们要说的是，这个时代已经达到了信息爆炸的巅峰。

看看你的身边，接收信息的渠道有多少？你每天又被多少信息包围着？

报纸、电视、收音机，这"老三样"早已经不是人们获取信息的权威渠道了——想看新闻？各式 App 上推送的消息更为及时。想买东西？电商、微商各个平台的广告铺天盖地。想找人聊天？形形色色的微信群里有无限多的话题。想看点有趣的内容？抖音、快手等平台的短视频应有尽有……

不管愿不愿意,早晨起床睁开眼,我们就陷入了一片"信息海",无数人通过无数渠道在七嘴八舌地说着自己想说的。

那在这些海量的信息里,你注意到了谁的信息呢?你自己想要说的,又怎么能被大家注意到呢?

我们不妨先来看看这个信息大时代的典型特征。

1.1 短视频、直播兴起的背后

毫无疑问,这个时代也可以称为全民短视频时代或者全民直播时代,参与短视频、直播已经成为很大一部分人的日常生活方式,亲自上阵做视频、开直播的人很多,在短视频、直播类 App 上东游西逛的围观者更是数不胜数。

以抖音为例,短短两年时间,活跃用户数量从 3000 万增长到 4 亿(见下图),可以说火得一塌糊涂。我们都知道,短视频的播放时间一般介于 15 秒到 5 分钟之间,其中很大一部分都在 1 分钟之内,但就是这些极其零碎的信息,传播的速度却让人瞠目结舌,一个话题的相关视频被分享千万次、播放过亿次的情况屡见不鲜!

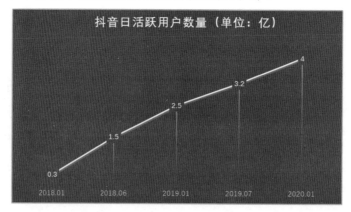

从大环境来说，这当然离不开移动互联网的普及、智能手机的普及、网络速度的提升这三个条件，但这种信息高浏览、高转发、快速传播的火爆背后，还藏着什么呢？

生活节奏越来越快，每天要做的事情越来越多，所有人都越来越忙，但这并不意味着大家都要变成工作狂，恰恰相反，人们在减压方面的需求会更加强烈，比如社交、沟通、娱乐等。只不过，当下你已经很难拿出大块时间来做这个，更多人只能忙里偷闲，用零碎的时间来放松一下。

很显然，**人们的时间变得越来越"零碎"**，而短视频这种信息呈现方式恰好也是**"碎片化"**的，短至十几秒的信息长度，在抢占人们碎片化的注意力上形成了巨大的优势。

你可能没有时间去追一部几十集的电视剧，但你一定有时间看几条不超过1分钟的剪辑视频；你可能拿不出固定的时间去学习一门课程，但在路上、睡前、饭间看几个相关短视频的时间肯定有……

快节奏的生活正在分割着人们的时间，无孔不入的海量信息又在抢夺着人们的注意力，在这个信息爆炸的时代背景下，**"碎片化"已经成为一种典型特征**。

1.2 碎片化信息中，人们更关注什么

碎片化，只是当下信息的外在特征之一。我相信，没有人会因为一条信息够短小、够零碎就关注它，毕竟我们身边充斥着数不胜数的碎片化信息。来者不拒？没有人能做到，当然也没有人愿意被动接收一大堆"垃圾"信息。

那人们的关注点到底在哪里？或者说，大家更愿意关注什么样的信息呢？抖音里的一组统计很能说明问题，见下图。

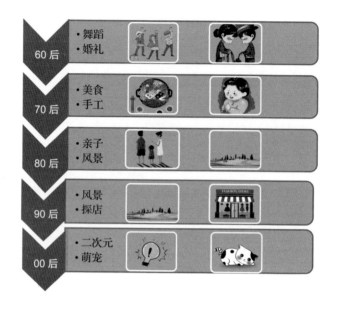

上图所示是2019年的统计，不难发现，各个年龄段的人群都有自己很典型的兴趣点。

对于60后，当前正好处于退休前后，广场舞在这群人的生活里占多大比重，想必大家都清楚。还有，这个年龄段的人群，他们的孩子往往正处于谈婚论嫁的年纪，很多人可能刚刚经历了自己孩子的婚礼，他们对"婚礼"话题如此关注也就很容易理解了。

再看80后，这个人群基本有了自己的宝宝，亲子话题是他们生活中很重要的一部分。而在工作上，这群人正处于事业的关键期，平时工作压力特别大，对"远方"的向往、对旅游放松的渴望很强烈，因此这类话题同样很容易引起他们的关注。

从这里我们会注意到一个很有趣的问题：人们更愿意关注什么信

息？答案就是：**和自己有直接关系的信息。**

不同的人群感兴趣的信息是千差万别的，但是有一点很一致：**和自身关系越密切的信息，越容易引起关注**。其实，这就是一个"价值"问题。对于绝大部分人来说，有关系就相当于有用，也就是有价值。

很显然，因为信息爆炸，人们被海量的碎片化信息包围着，而这让大家有了更大的选择空间，大家会非常"挑剔"地选择那些对自己有用、有价值的信息。当然，这种选择也不是漫无目的的，其中还是有迹可循的。

1.3　去中心化，每个人都可以是中心

说起去中心化，要回溯到自媒体刚刚兴起的时候，当时似乎一夜之间，所有人都有了更大的"发声"权利。只要遵纪守法，你就可以通过很多渠道自由地表达观点，并给自己圈来一大波粉丝，当然，也有可能招来一大波吐槽。

在信息传播领域，已经没有哪个媒体或者个人拥有绝对的"主导权"，去中心化的时代正在拉开序幕……

那人们对于信息的选择会进入漫无目的的状态吗？当然不会！**对权威的信任和跟随仍然会在很大程度上左右着人们的选择。**

去中心化，并不是没有中心了，更不是大家不需要中心了，而是更多个体有了成为中心的机会：

- 在抖音上，一个账号上的课程可能会被上亿人收听；
- 在微博上，一个大V发的信息会引来上千万的关注、转发；

- 在微信公众号上，一篇热文的阅读量往往能轻松突破十万甚至百万；
- 在直播中，一个大咖一场直播带货过千万甚至上亿已经屡见不鲜；

……

他们是不是中心？当然是！只不过，他们往往没有什么官方的身份，只是普通人。借助移动互联网时代信息传播的便利，凭借自己更有价值的内容，他们在去中心化的时代背景下，成了当之无愧的信息中心！

他们能做到的，我们能不能做到？

答案是肯定的，就像本章开篇所说，我们很幸运，置身于一个信息大时代，每个人都有了更广阔的空间、更多的渠道来对全世界"发声"，有了成为这个时代"中心"人物、"品牌"人物的机会。

当然，这一切不会凭空发生，要成为众人关注的信息中心，需要具备的外部条件很多，而且其中有一个关键点是无论如何也避不开的，这个关键点是什么？我们接着往下看。

1.4 无处不在的微文案

不妨先回想一下，你关注、转发一篇热文时，是被什么吸引的？是一个标题，一段内容简介，还是文章里的具体内容？

你进入一个直播间，本来只想做个安静的旁观者，最后却买个不停，又是被什么吸引的？

离不开产品对你的吸引,但是肯定也少不了主播们极富煽动力的塑造和引导。

你打开抖音,准备刷几个小视频时,又会被什么吸引?很有可能是某段视频的标题和介绍恰好挠中了你的"痒点"。

你去逛街,也没打算买什么,却不由自主地进了一家店,是什么吸引了你?有时候会是橱窗里的商品,更多可能只是因为一个店名,或者放在店门口的一个活动信息牌……

我们在被什么吸引?在被各种各样的"表达"吸引,它可能是视频,也可能是图片,还有可能是一些实物甚至真人,但其中一定少不了文字的影子。

不妨设想一下,如果各种表达里少了文字,原本吸引你的信息会变成什么样子?

- 给你一张图片,没有任何文字,至于意思是什么,猜猜吧;
- 给你一段视频,没有任何文字,至于情节是什么,猜猜吧;
- 给你一场直播,没有任何文字,至于播的是什么,猜猜吧;
- ……

没有了文字,所有的表达都会变得"模糊",所有原本有吸引力的信息都会黯然失色。没错,这就是前面所说的无论如何也避不开的关键点——文字表达。

在这个时代,更适合的文字表达方式是什么?是微文案。

你可能没听说过这个概念,还不清楚微文案到底是什么,但其实它一直都在我们身边,装点甚至左右着我们的生活。

它可以是一个耐人寻味的店铺名称，可以是一段很有意思的产品广告，也可以是一段爆笑的视频、一段能量满满的早安问候、一段温馨的宝宝成长记录……

无处不在的微文案是我们在这个信息大时代的发声利器。要让更多人关注我们的信息，要吸引更多人的注意力，就离不开它。

当然，要用好微文案，首先要了解微文案。下一章我将和大家一起，从头认识这个可以让我们在这个时代更具影响力的表达利器。

第2章 | CHAPTER

微文案，信息大时代的刚需技能

"21世纪什么最贵？人才！"这句十几年前的电影台词放到现在仍然算得上至理名言。当然，你可以掰着指头数出很多个"更贵"的概念，比如机会、资源、人脉……但无论如何，我们也无法否认"人才"更容易在社会上立足，也更容易在事业上取得成就。

为什么？因为他们有一个共同点——有自己的技能，而这些技能又可以解决很多普通人解决不了的问题，他们自然就会更加被人需要，"身价"自然水涨船高。

那在这个信息大时代里，我们必备的技能是什么？什么技能可以让我们从容立足、长远发展？

每个人都会有自己的答案，做销售的会认为沟通技能很重要，做设计的会认为专业技能很重要，带团队的会认为管理技能很重要，守着一大波流量犯愁的或许最想要变现的技能……

不管你正在做什么工作，也不管你现在急需什么样的行业技能，微文案都应该是我们技能库里的必备品。

先抛开微文案这个概念不说，**从本质上来说，它是一种表达的技巧**，可以有效提高我们的表达能力，让我们表达出来的信息更容易被人理解、接受。我相信，没有人会认为自己不需要表达吧。

接下来，我们就来从头认识一下微文案。

2.1 从文案到微文案

说到文案，大家肯定都不会陌生，有一个很流行的说法：**文案，就是坐在键盘后面的销售人员**。其实这里面所提到的文案应该称为"广告文案"，它相当于产品和用户之间的一座桥梁，借助文字表达，让用户了解产品并认可产品的价值，产生更强烈的购买需求。

咱们不妨先来看一个文案的例子，从中感受一下文案的"味道"。

【三毫米的旅程，一颗好葡萄要走十年】
三毫米，
瓶壁外面到里面的距离，
一颗葡萄到一瓶好酒之间的距离。

不是每颗葡萄，
都有资格踏上这三毫米的旅程，

它必是葡园中的贵族。
占据几平方公里的沙砾土地，
坡地的方位像为它精心计量过，
刚好能迎上远道而来的季风。
它小时候，没遇到一场霜冻和冷雨；
旺盛的青春期，碰上十几年最好的太阳；
临近成熟，没有雨水冲淡它酝酿已久的糖分；
甚至山雀也从未打它的主意。
摘了三十五年葡萄的老工人，
耐心地等到糖分和酸度完全平衡的一刻才把它摘下；
酒庄里最德高望重的酿酒师，
每个环节都要亲手控制，小心翼翼。
而现在，一切光环都被隔绝在外。
黑暗、潮湿的地窖里，
葡萄要完成最后三毫米的推进。

天堂并非遥不可及，再走十年而已。

这是某红酒的一段推广文案，如果说白酒有其独特的酒文化，那红酒在这方面自然也有其独特之处。

对于红酒来说，它本身往往就和品位以及生活情调这样的话题脱不开关系，那我们要怎么去描述或者塑造一款红酒产品的品质感呢？单纯地堆砌很多形容词并不能让大家产生直观的感受，反而会让他们感觉这是在不停"自夸"。

而在上面这一段文案里，"三毫米"和"十年旅程"的反差，通过对土质、地形、气候、培育、采摘、酿造等多处小细节的描写，把对红酒的品质塑造变成了一首娓娓道来的"情诗"。这样的表达，是不是更合乎红酒的"口味"？

再看另外一个例子。

这个时代，
每个人都在大声说话，
每个人都在争分夺秒。
我们用最快的速度站上高度，
但是也在瞬间失去态度。
当喇叭声遮盖了引擎声，
我们早已忘记，
谦谦之道才是君子之道。
你问我这个时代需要什么，
在别人喧嚣的时候安静，
在众人安静的时候发声。

不喧哗，自有声。
别克君越，新君子之道。

这是别克君越的一组推广文案，其中关于产品形象塑造的细节这里不做赘述，单从表达上来说，你从这里面看到的"君越"，是不是一辆与众不同的车？

如果说广告文案扮演着一个"产品销售员"的角色，在用文字向用户传递着产品、品牌的形象和价值，那微文案呢？难道微文案仅仅是篇幅更短的文案吗？

当然不是！微文案的"微"，是顺应这个碎片化信息时代的产物，但其并不是微文案的全部。我所认知的微文案，也不只是为广告服务的。在具体解读这个概念之前，我们还是先来看一下它的几个关键特征。

2.2 微文案的五个核心特征

微文案作为碎片化信息时代的信息载体，具有一些自己特有的表征（见下图）。

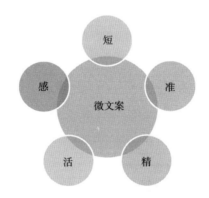

特征一：短。顾名思义，一个"微"字已经说明了它具备更短的篇幅、更小的体量，更容易在这个时间碎片化、信息碎片化的时代里"见缝插针"，吸引更多的目光和注意力。

特征二：准。微文案的"准"包含两个方面——准确的出发点、准确的对象。换句话说就是，从一个对的目的出发，找到那些对的人。微文案要做的是精准制导，而不是漫天撒网。

特征三：精。微文案的"精"，是指内容价值上的精细。满足所有人的需求？这从来不是微文案的追求，当然，也没有什么文案能让所有人都满意或者产生兴趣。微文案要做的，是让特定的人产生更高的满足感、认同感，传递出更高的价值感。

特征四：活。前面我们说过，在表达的世界里，没有文字是万万不行的。但是反过来，只有文字也是无法想象的，因为那会让表达变得非常枯燥无趣。微文案的"活"是要用文字表达出画面感，让我们的表达真正"活"起来。

特征五：感。文字本身只是符号，它没有生命更不会具备任何感情，但是一条由文字组织起来的微文案却是有生命、有情感的，它或者让你喜，或者让你忧，总能调动起你的某种情绪，打破你的无动于衷。

看完这五个核心特征，想必对于"微文案"这个概念，你的脑海里已经有了一个轮廓，只不过细节上还有些模糊，我们现在就来揭开最后一层"面纱"。

2.3 给微文案一个准确的定位

若是要给微文案一个准确的定位，我觉得可以这样表达（见下图）：

首先，微文案是一种表达方式。它可以是我们对领导的陈述、对客户的讲解、对产品的推广塑造、对孩子的教导、对朋友的调侃……它就是我们一直在说的话，只不过以文字的形式表现出来。

其次，微文案是一种更有效的表达。同样是在表达，若是表达没人愿意听或看，那做的就是无用功；微文案却能吸引众多的关注者，这就是更为有效的表达。

再次，微文案的有效表达是为了传递确切的价值。字写了不少、话说了不少，对方却并不认可你说的，这样的尴尬你有过没有？"价值"是一个很虚的概念，微文案却可以把它变得特别实在。

最后，微文案通过传递确切的价值，获得预期结果。我们做到了有效表达，传递了确切价值，那最后得到预期结果就是水到渠成的事。

到这里，我们就可以给微文案下一个确切的定义了：**微文案是一种更为有效的表达方式，它通过对价值的确切传递，帮助信息发布者获得预期结果。**

那么，在我们的生活和工作中，微文案到底有什么用呢？

- 如果你是一个产品销售者，它可以帮助你更有效地推广产品，让更多人认可你的产品价值；
- 如果你是一个团队管理者，它可以帮助你提升团队凝聚力，让每一个团队成员都感受到你的存在和价值；
- 如果你是一个社群运营者，它可以帮助你把社群"炒"得更热，让社群成员产生更强的归属感；
- 如果你是一个品牌经营者，它可以帮助你把品牌形象传播到更多人眼中、心里，让更多用户成为品牌"忠粉"；
- 如果你是一个视频制作者，它可以帮助你把视频变得更"吸睛"，让你的作品更容易成为爆品。

当然，就算你只想做一个家里的好妈妈、学校里的好老师，微文案也可以帮助你实现和孩子、学生之间的良好沟通。

这样的微文案，我说它是当下这个信息大时代的刚需技能，你不会有什么异议吧？

既然"微文案"里面有"文案"两个字，那自然是需要动笔写的，估计这也是很多人非常头疼的事情。如果只是动嘴说说那完全没问题，但一涉及"写"，大多数人还没动笔就有了卡壳的感觉。

有句俗话说得好，"巧妇难为无米之炊"。写微文案也是如此，如果没有素材，谁也没法无中生有，就算勉强编造出来，所得到的作品恐怕连自己都不会有兴趣看，怎能打动别人呢？

下一章，我们会专门讲一下积累素材的几个实用技巧，从根本入手，敲开微文案写作的大门。

第二篇

基 础 篇

第3章 CHAPTER

积累素材的三个方法

素材是"生产"微文案的原材料，其储备越充足，我们在写微文案时的发挥空间就越大，反之，就只能极为痛苦地"硬憋"甚至编造了。

如果说素材来源于我们的生活，这确实有些笼统，你可能还是没法确定到底该怎么去收集和积累素材。更为恰当的说法是，素材来源于生活中我们熟悉或者了解的那些信息。

打个比方，我们现在让一个小学三年级的学生用一两句话来形容自己妈妈是个什么样的人。他很容易想到妈妈平时在学习上对他严格要求、给他做各种好吃的、给他买生日礼物……从这些熟悉的事情里，他能自然地得到一个"妈妈"的形象。

那如果我们让这个小学生用一两句话来形容未来的电商会是个什么样子，因为"电商"这个概念对他来说太遥远，所以他很难把生活里的事情和这个联系起来，更谈不上给出确切表达了。

生活中熟悉的信息是我们写微文案的主要素材来源。这些素材可以通过很多渠道积累起来，下面我们就来看三个典型的渠道。

3.1 "干"字阅读法

阅读，是获取素材的一个快速通道。虽然大家现在已经适应了各种电子阅读，很少会再抱着实体书来看了，但是这并不会影响我们通过这个渠道来迅速积累素材。

读书这件事看起来很简单，只要自己愿意，随时都可以读起来。但能不能读出效果，能不能在阅读的同时积累下素材，这就很讲究方法了。

我相信，很多人会有类似这样的感觉或者体验：读某本书的时候很有感觉，从中了解到很多新东西，也产生很多想法，但是十天半个月之后，那些本来在自己脑子里的东西就变得模模糊糊了，再过些日子，它们好像从来就没有出现过。

读了，但是记不住，更形不成任何"产出"，这样的阅读是没有效率的，对于积累素材也毫无帮助。在这里，我给大家推荐一种阅读时做笔记的方法——"干"字阅读法，这种方法可以帮助我们养成良好的阅读、思考习惯，带来的最直接效果就是：让我们的阅读形成"产出"，快速有效地积累大量素材。

下面来看一下什么是"干"字阅读法。做读书笔记时，把一页纸分成四个部分（形状就像一个"干"字，见下图）。

- 左上部分：用于记录原文主题（所读的这一章或者这一段的主题）。
- 右上部分：用于记录素材方向（所读内容的大方向，比如亲子关系、女性话题等）。
- 左下部分：用于记录所读图书里的重点内容（建议使用"原文 + 关键词"的方式来记录）。
- 右下部分：用于总结所读内容里的关键塑造点，以及读原文时所产生的想法等。

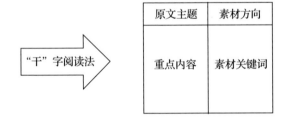

通常，大家针对某一个小节或者某一段特别精彩的内容做这样一页笔记即可。这样的笔记，我们在回头翻阅时，可以很容易"想起来"：什么书里的哪段内容，可以用来写什么方向的文案，可以塑造什么具体的塑造点。

如果你习惯于直接在纸上做记录，那就简单地在每一页上划分一下区域就可以。如果你习惯了用电脑上的办公软件（如 Word）来做笔记，那也可以在文档页面上先做一个简单的"分区"，见下图。

原文主题	素材方向
重点内容	素材关键词
重点内容	素材关键词
重点内容	素材关键词

下面来看一个具体的例子。

所选内容是卡耐基的著作《女人的格局决定结局》的第3章第5节"最难缠的'老板'竟是自己的丈夫?"(见下图)。

《女人的格局决定结局》 最难缠的"老板"竟然是自己的丈夫?	夫妻关系
黛莉嫁入豪门后,接受丈夫的建议,安心在家里做起了全职太太,坦然接受着丈夫提供的每月花销。当丈夫询问她钱都花在哪里时,二人却因为一些开支的必要性产生了矛盾,后来黛莉花钱越来越胆小,自己的妈妈家里要装修也不敢出钱,这又让家里人也很不满 没有自己的收入 没有自己的决定权	"伸手党"做不得 经济上的依附 会慢慢蚕食掉女性 人格上的独立

类似这样做笔记的方式，可以很方便地把阅读得到的精华用到我们准备写的微文案里，而在阅读中养成这样的思考习惯，不仅可以积累大量可用素材，对于提升我们的"微文案"思维也有很大帮助。

通过阅读来积累素材，是一种普适性极强的方法，特别适合于用来日积月累。不过，在微文案写作中，我们经常会有另一种素材需求——热点素材，比如最近非常流行什么话题、大家对哪个方向关注度特别高，这时候我们就可以从另外一个渠道来获取素材。

3.2 在影视剧中寻找热点话题

热播影视剧的流量特别高，一部强档影片，往往能创造十几亿甚至几十亿元的票房，并引发一大波观众的热评；一部热播电视剧，则往往能把这种热度延续几个月甚至半年以上的时间。

以电视剧为例（统计数据取自腾讯视频），截至 2020 年 7 月，古装历史剧《清平乐》在腾讯视频的播放量超过 50 亿次，都市生活剧《安家》在腾讯视频的播放量超过 75 亿次！

可以说，在某个特定的时间段内，一部热播剧会成为无数人的共同关注点。而对于剧迷来说，光看不说是不可能的，这么多人共同关注，必定会产生无数个热点话题，我们的微文案如果能借助这些话题的热度，那在传播度和热度上自然会水涨船高。

接下来咱们就以《安家》为例，看看怎么在热播剧里寻找热点话题。

关于这部剧为什么能爆红，除了主演自带流量外，有一段评价是特别贴切的:《安家》非常贴近大众生活,观众们或多或少都能从中找到些与自己生活相似的片段,它触及了不少人心中的柔软!

这段话,其实也说出了从热播剧里找热点话题的窍门:**新瓶装旧酒。**

一个话题能迅速成为大家议论的热点,往往并不是因为这个话题特别新鲜、以前从来没有人提起过,更多的情况是,**某则新信息让大家想起了某个老话题,借助这则新信息的传播,老话题再度变成火热的新话题。**

我们不妨来看一下,《安家》里有多少类似的热点话题(考虑到版权问题,这里就不做截图展示了,感兴趣的读者可以自行搜索相关剧集)。

剧中的女主角房似锦在家里备受歧视,母亲完全将她当作赚钱工具,甚至堵到公司、家里找她要钱,让她连工作都没法干了……这样的剧情有很多,也引发了观众的热议,但其实说的还是一个老话题:重男轻女。

剧中的"徐姑姑"经历了父亲出轨、母亲跳楼的不幸,这在很长的时间里成为他心里的阴影,因为母亲的忌日恰恰是他的生日,他从来都不给自己过生日……这些剧情讲的其实就是"原生家庭影响成长"的话题。

再比如,剧中那对"不通人情"的老夫妻,对房似锦的服务吹毛求疵,甚至弄伤了她的手也不闻不问,这说的不就是"人情味缺失"的话题吗?

类似这样的情节是非常多的,那这类素材该怎么使用呢?咱们来看一下具体的例子，就以最后这个"老夫妻不通人情"的情节为例来说吧。

第一步：素材截取

这类素材可以用两种方式来截取。

（1）**截图方式**：截取其中多张包含关键台词的图片，保证图片上的字幕能够较为完整地体现出这个情节里的关键（这里当然就是那对老夫妻的"不通人情"），比如可以选取如下场景：房似锦买了水却被嫌弃，跑到店里去给他们找热水，老夫妻嫌她动作慢，房似锦的手被车门挤伤、老夫妻推卸责任……

（2）**视频方式**：场景的选择与上面的类似，不同的是我们可以直接用视频的方式来呈现。这种情况下，不建议直接进行大段录屏或者截取，而是从一长段情节中挑选那些冲突特别强的地方剪辑出来，尽量把视频剪得短一些，比如十几秒或者半分钟，就像"快镜头"一样集中展示情节里的关键点。这种方式下，视频里的字幕可能会因为速度快而不够清晰，可以在编辑视频时加上文字标注，像"旁白"一样进行必要的剧情提示。

第二步：热点借力

这一步，其实就是借助电视剧本身的热度来吸引大家的注意力，通常我们可以从素材里提炼出一个关键语句来作为标题，比如**"伤身更伤心，替房似锦难过五分钟"**。

这里面借的自然就是"房似锦"这个关键词自身的热度。

第三步：微文案塑造

具体的微文案塑造有很多方向，一些写作方面的技巧后面会有专门的章节讲述，这里就举一个简单的例子，看一下此类素材的具体应用方法。

伤身更伤心，替房似锦难过五分钟！
这一集，这对儿老夫妻成了"全民公敌"。
房似锦做得没毛病，他俩这事儿办得太不地道！
咱礼仪之邦的礼呢？几千年攒下来的人情热乎劲儿，都快被这种人给糟蹋没了！

同样是塑造"人情味儿缺失，呼吁大伙儿都热乎起来"，如果我们把《安家》、房似锦这些信息都从这段微文案里拿掉，它就会变成"老生常谈"。但是与这部热播剧建立关联后，"老话题"也能写出有热度的新鲜感。

从影视剧中寻找热点，这是一种时效性较强的素材积累方式。通常来说，在某部影视剧热播期间截取、使用其中的素材，效果最好。等影视剧的热度降下来了再去使用，借力的效果就要差很多。所以，我们还需要一种时效性要求更低，但是又能"应急"的素材积累方式。

3.3 网络素材的标签化收集

信息量最大的"集散地"是哪里？自然是网络！

大到天文地理、风土人情，小到家长里短、油盐酱醋，远到千年之前，近到时事热点，无论我们想找哪方面的素材，总能在网络上获得很多信息。

不过，很多人更习惯于"临时抱佛脚"，比如现在需要写一段"环保"方面的文案，又没有现成的素材，那就用"环保"这个关键词到网上搜索，寻找可以用的信息。这种方式确实能解决一部分问题，但是弊端很明显：一是效率低，二是并非总能找到最合适的素材。

在网络素材收集方面，这里我给大家一个建议：**标签化收集**。

大多数人每天都会用一定的时间上网，我们完全可以对这些时间进行充分利用，在浏览网络信息的时候，如果发现可用的素材，就"顺道"采集下来。说起来，在微文案写作方面，这也算是一种"广积粮"的储备方式。那什么素材才算是可用的呢？这就要先提到**"素材库"**的概念了。

我们写微文案通常都会有一个相对固定的方向。比如说，我是一个儿童兴趣班的辅导老师，平时会经常通过朋友圈、公众号等渠道发布一些与课程、辅导相关的微文案，用来塑造我们机构的培训效果，吸引更多的家长把孩子送过来。

很显然，对于我来说，我在微文案写作方面一个相对固定的方向就是"儿童教育"，那我就完全可以针对这个方向建立一个素材库。

建立素材库的核心是**对素材进行标签化拆分**，即利用多个标签来确定收集素材的具体方向。进行网络浏览时，遇到合适的素材，直接对号入座进行采集就可以了。

具体操作上，建议大家采用二级标签的方式，确定更详细的方向。

标签化的要领如下。

（1）在相对固定的写作方向里，拆分出你经常用到的大方向，这个方向就是收集素材时的一级标签。

以下图中的例子来说：在"儿童成长"方向，可以让更多家长认识到儿童教育的必要性；在"家庭影响""父母影响"方向，可以让家长们意识到对孩子的教育需要借助一些外力；在"学前基础""人格培养""兴趣爱好""潜能挖掘"等方向，可以用来展示培训机构的价值……

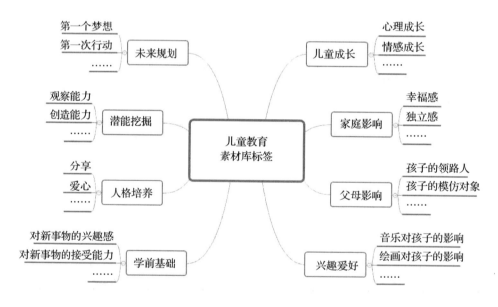

当然，制定这些一级标签时，要充分考虑你自己的"用户"群体，需要确定看你的文案的都是哪些人，他们对什么感兴趣。考虑清楚这些可以帮助我们更准确地确定素材收集的一级标签。

（2）针对每个一级标签，拆分出更为具体的塑造点，这些就是我

们收集素材时可以参考的二级标签。

下面我们以"兴趣爱好"这个一级标签为例。

如果这个儿童教育机构的课程包含音乐、绘画、手工等多种内容，那自然可以把每一个单项拿出来，作为一个具体的塑造点，也就是一个收集素材时的二级标签。

相应地，假设这就是一个单独的绘画培训机构，我们可以在"绘画"这个兴趣爱好之下，设计出多个塑造点，比如绘画给孩子带来的好处、孩子学绘画的科学方式、怎么让绘画成为孩子的爱好而不是负担等。这些同样可以作为我们收集素材时的二级标签。

这里要强调一点，通常不建议大家采用三级标签来进行网络素材的收集，主要原因有两个：

- 这会大幅增加工作量，会出现很多素材无法确切归入某个三级标签的情况；
- 这会形成对素材"过分精细"加工的情况，会让我们在使用素材时受到很大限制，从而不利于素材的灵活使用。

在完成素材库的标签化后，我们在浏览网络信息时就有据可依了。看到与某个标签相符合的内容，就可以复制下来，既可以是文字的形式，也可以直接把链接插入某个标签之下。

如果是特意搜寻某方面的内容，可以用二级标签里的关键词进行搜索。很显然，我们以"音乐对孩子的影响"这组关键词去搜索时，比用"儿童教育"这个关键词搜索出来的内容更有针对性。从写微文案的角度来说，更有针对性的素材，会有效缩短写作需要的时间。

"干"字阅读法、影视剧里的热点话题、网络素材的标签化收集，这是素材积累的"三驾马车"，借助这三种方式，可以有效积累大量微文案素材。

当然，有素材并不等于能写好微文案，估计让很多人更头疼的并不是素材问题，而是拿到素材该从哪里写起的问题。一说到文案、说到写，他们的第一反应就是：我没有这个"脑子"呀！天生"文采"不行，想破脑袋也写不出来……

其实，这完全是一种误解，微文案写得好不好，和文采还真没有关系，它更多取决于思维。而微文案的思维是可以通过专门的训练提高的，后面的章节里，我将给大家介绍几种训练微文案思维的小游戏。这可是"小筑微文案"（我于 2015 年创建的首个线上微文案培训社群）的独家"私房菜"，在本书里属于首次公开亮相。

第4章 CHAPTER

微文案思维是能训练出来的

"我的文采不好,所以写不好微文案……"

"我总是词穷,拿起笔就不知道写什么,根本写不了微文案……"

只要说到写东西,很多人就能找到各种各样的"先天"理由,似乎想充分证明写文案是一件门槛特别高的事情,根本不是"普通人"能做好的。

4.1 三种神奇的微文案思维

事实真是上面说的那样吗?我们可以先看几条大家耳熟能详的广告文案,你不妨从里面挑一下,看看有没有哪个词语是你不知道的或者没用过的,有没有哪条文案因为辞藻华丽、文采斐然而让你望尘莫及。

(1)今年过节不收礼,收礼还收脑白金。

稍微有点年纪的人,估计都有过被这句广告语炸到"无处藏身"的经历,但就是这句很俗的文案,在一定程度上拯救了当时负债数亿的史玉柱,把脑白金打造成了那十几年里最辉煌的保健品。

(2)充电5分钟,通话2小时。

有很多人甚至不知道这句广告文案说的是OPPO手机,他们只记住了这句广告语,毫无花哨的表达里,快充、耐用的产品特点已经足够鲜明。

(3)做女人挺好。

最早,这是婷美内衣用的广告文案,当时的各个平面媒体上,也是充斥着这条广告。后来,这句广告文案又被很多和"丰胸"相关的产业以及产品采用,亮相频率极高,广告效应也深入人心。

类似的例子还有很多,现在我们可以回头看一下,这几句广告文案里,有没有什么高深难懂的用词技巧?有没有斐然出众的文采?

没有。它们看起来极为普通,却都创造出了极高的营销效益。广告文案是这样,微文案也不例外,能不能写好微文案,从来就和文采没有关系,至于遣词造句的技巧,虽然会对表达的效果产生影响,但也没有大家想象的那么重要。

当然，并不是说只要认字、会写字，就能写出一条好的微文案。如果说有什么条件是必须具备的，那应该就是微文案思维。只要思维通了，所有人都可以写出有影响力、有效果的微文案。

思维是一个很广的概念，其中包含多种具体的思维类型。在微文案领域，我认为有三种思维是必须具备的（见下图）。

- **联想思维**：它可以帮助我们把一条信息塑造得更生动，更易懂。
- **发散思维**：它可以帮助我们找到更多表达角度、更多塑造点。
- **逻辑思维**：它可以帮助我们把一条信息表达得更有条理性，更有说服力。

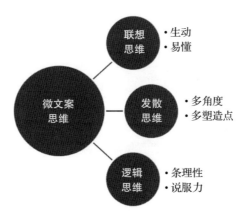

这三种思维实际上都是我们每个人与生俱来的，只不过有强有弱而已。从写微文案的角度来说，我们自然是需要具有更强的思维能力，相应地，我们可以通过一些很轻松的方式来训练这三种思维能力。

4.2 用游戏来拓展思维

思维训练这个概念正式提出，大概是在 20 世纪中期，当时人们相信"人脑可以像肌肉一样通过后天的训练强化"。之后经过多年的探索实践，很多有效的训练方法被总结出来，形成了很多流派。

在本书里，我们不会讲到那些形形色色的训练方式，感兴趣的读者可以自行搜索相关的资料。针对微文案的写作来说，我更建议大家采用一种轻松有趣的游戏方式来进行相关的训练，这样做的好处有三个。

（1）**占用时间更少**。比起做一份训练问卷动辄需要几十分钟甚至几小时，做一轮小游戏只需要几分钟，见缝插针，用零碎时间来做就可以。

（2）**应用场合更广泛**。可以作为自己训练微文案写作能力的方式，也可以作为团队里活跃气氛的小节目，还可以用来和孩子互动。

（3）**针对性更强**。和"写"的关联性更强，我们获得的思维能力的提升，能够直接作用于写微文案上，而且训练中的一些想法完全可以作为素材沉淀下来。

接下来，我们就来看一下三种思维具体的训练方法。

4.3 联想思维训练

联想思维是指在两个以上的不同事物之间建立联系的思维能力。

有研究表明，任何两个看起来毫不相干的概念，最多经过四到五步的联想，就可以建立联系，而我们通过游戏训练的，就是中间这四到五步的联想能力。

那联想思维在我们写微文案时到底有什么用处？为什么说它可以帮助我们把一条信息塑造得更生动易懂？

咱们看一个简单的例子：**有一组沙发，坐上去特别软，感觉非常舒服。**

如果让你用几句话来表达坐上沙发后的舒服感，你会怎么表达呢？

- 表达一：这组沙发特别柔软，坐上去感觉很舒服，全身的疲惫都消失了。
- 表达二：这组沙发特别柔软，坐上去整个人就像掉进了棉花堆里，一身的疲惫瞬间就消失了。
- 表达三：这组沙发特别柔软，坐在上面，就好像置身在一朵白云里，浑身轻飘飘的，舒服得就像在梦里一样。

对比一下，都是在描述沙发的"柔软舒适"，后面两种表达是不是比第一种更容易让人"有感觉"？因为后面两种表达把柔软舒适的感觉描述得更为生动。

它们之间的区别在哪里？和第一种表达相比，后面的两种表达里分别出现了"棉花"和"白云"这两个概念，而这两个概念本身和"沙发"是没有任何关系的，我们从沙发想到棉花、白云，并且在二者之间建立了联系，这就是典型的联想思维。

相应地，训练联想思维的小游戏也是从这里入手，在"小筑微文案"的日常思维训练中,我们称这种游戏为**花开并蒂**。

游戏玩法:由一个出题者提出两个毫无关联的词语,参与者用几句话找到这两个词语之间的关系,并且要让其中一个词语对另外一个词语起到修饰塑造的作用。

举一个小例子,出题人出两个词语:面包、哈巴狗。

表面上看,面包和哈巴狗之间扯不上任何关系。当然,类似于"用面包喂哈巴狗"或者"哈巴狗爱吃面包"这样纯粹为造句而造的句子是不符合游戏规则的,我们要求的是找到自然的联系并且起到互相修饰塑造的作用。

在玩这个游戏时,因为给定的两个词语往往很难直接联系起来,这就需要我们从单个词语开始想,让每个词语分出很多"枝丫",两个词语的"枝丫"之间很有可能就会产生某些自然的联系。比如:

- 从面包这个词语,我们可以想到味道、口感、颜色、营养、形状……
- 从哈巴狗这个词语,我们可以想到宠物、毛色、脾气、听话、陪伴……

现在,这里面有没有能形成联系的呢?比如——

这个**面包**还是前天从家里带来的,是妈妈亲手烤的,虽然已经有些干瘪了,咬一口,还是满满的家的味道。那种亲近的气息,就好像老屋养的那条**哈巴狗**,总会在回家时围着我的腿边打转……

这是一个比较复杂的联想,从面包先想到家,再到亲情的亲近感,再到哈巴狗。当然,我们也可以有更为简单直接的联想,比如——

加班到再晚，回家后也总能在桌上发现两片美味的**面包**，这种守候从未中断，就像家里养了 3 年的**哈巴狗**，它也总是守在门口，等着我回家。

在进行训练时，如果你是在经营某种产品，那也完全可以把其中一个词语设定为和产品相关，这样往往能在"无意"中积累出很多可用的点子和素材。

关于联想思维训练的相关要求和说明，可参照下图进行整体了解。

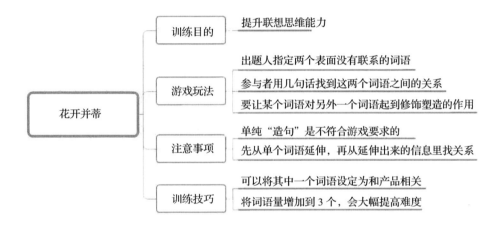

4.4 发散思维训练

发散思维，是指从某个事物出发，想到多个与其有关信息的思维能力。典型例子如数学题里的"一题多解"、生活里的"一物多用"。

这种思维能力的提升可以帮助我们在写微文案时找到更多的表达方向、更多的塑造点。比如，现在摆在大家面前的是一块"红色板砖"，那这块砖头有什么用呢？最容易想到的是可以用来盖房子，它是一种建筑材料。那如果让你来塑造这块砖头，你又要怎么做呢？只能塑造为"盖房子用的砖头"吗？

如果我们多琢磨一下，就会发现这块砖头还可以扮演很多不同的角色：当作哑铃用来健身、作为垫片放在屋里垫床脚、放在桌上当镇纸、作为行走"江湖"的防身利器、作为笔在水泥地上写字……这就是典型的发散思维。训练这种思维的小游戏的名字是**"天马行空"**。

游戏玩法：由出题人指定一个词语，参与者想出尽可能多的和这个词语有关的场景。要求必须是一个场景，并且指定的词语信息要能够自然地体现在场景中。

看一个小例子，出题人指定词语：水。

参与者可以想到如下场景：拧不死的水龙头、家乡的小河、秋雨绵绵、父亲额头上的汗水、"老乡见老乡，两眼泪汪汪"……

这里要注意一个问题，类似"纯净水""自来水"这样的回答是不符合游戏要求的，因为它们缺乏场景感。

如果你还不清楚这种训练的实用价值，咱们不妨做个假设，你正在经营一款减肥产品，而我们设定的题目为"肥胖"，参与者需要想到尽可能多的和"肥胖"相关的场景：爬三楼就气喘吁吁、低下头看不到脚尖、系鞋带是一种折磨、买衣服找不到能穿的尺码……这些不都是一个又一个真实的痛点吗？如果你打算通过微文案来刺激身体肥胖的人群抓紧减肥，这些都是可用的塑造点。

关于发散思维训练的相关要求和说明，可参照下图进行整体了解。

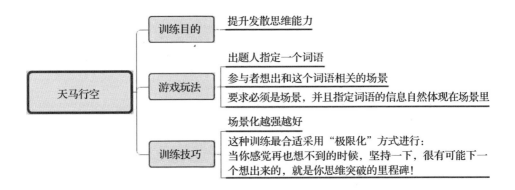

4.5 逻辑思维训练

前面所说的两种思维都属于形象思维。逻辑思维则不同，对于它，我们看重的是**准确而有条理地表达自己的能力**。

微文案是写给人看的，即便你有再高明的技巧，文字写得再花哨，如果条理不清，前言不搭后语，让人根本搞不懂你在说什么，那也是完全没有意义的。相反，即便你只会用自己熟悉的俗话来表达，也没用什么遣词造句的技巧，只要你的文字条理清楚，前因后果都交代得明明白白，那你至少传递出去一条准确的信息，这比你云山雾罩地扯上几百几千字更有价值。

在表达的逻辑里有很多种具体的逻辑关系，做训练时，通常就针对因果、转折、递进这三种逻辑关系进行即可。可以单项训练，也可以混搭训练，混搭的难度要高一些。

针对逻辑思维进行训练的游戏名称为**"拉关系"**。

游戏玩法：由出题人指定三个表面没有联系的词语，参与者按照

固定的句式，写出一段包含这三个词语的合理句子，固定句式中的每一段只能出现一个指定词语。

句式设定：

- 因为……所以……结果……（因果关系）
- 不但……而且……甚至……（递进关系）
- 本来……不料……只好……（转折 + 因果关系）

看一个小例子，出题人指定词语：电视、火车、高温。

句式一：因为多看了十分钟的**电视**，所以误了当班**火车**，结果只能顶着三十五度的**高温**跑去坐汽车。

句式二：这房子的条件太差了，不但没有**电视**信号，而且晚上不时有**火车**轰轰轰地经过，一到夏天，屋里的温度甚至比外面还要**高**！

句式三：本来打算这几天坐**火车**回家，不料连日**高温**大雨，根本没法出门，只好待在家里看**电视**了。

这种训练方式的主要目的是提高我们"讲道理"的能力，保证我们写出来的微文案至少是讲得通的。

当然，实际在写微文案时，肯定不会用这么刻板的句式，这里之所以设定句式，只是为了强制大家按照某种逻辑关系来造句。在实际训练时，大家也可以尝试多种逻辑关系的混搭。

关于逻辑思维训练的相关说明和要求，可参照下图进行整体了解。

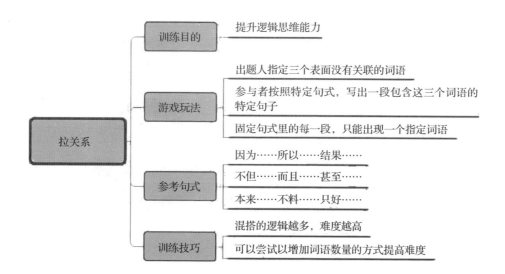

用游戏的方式来进行训练，往往能取得更好的效果。千万不要把它当成负担，当你喜欢上这种游戏，并且亲自做几轮之后，一定会发现，你和微文案之间的那层窗户纸不知不觉就被捅破了。

第5章 如何提炼有效卖点

前面说过，微文案是一种为表达服务的工具，而不仅是为营销服务的。但毫无疑问，营销场景是微文案的重要战场之一。所以，作为基础篇的最后一章，本章将和大家分享一下产品卖点的提炼方法。

说到卖点，想必大多数人都不会陌生，即便说不出一个确切的定义，也能大致清楚它的意思。在这里我要提醒大家的是，卖点并不是实物产品才具备的特征，各种无形的产品、服务，包括我们打造的个人形象，都是可以有卖点的。

5.1 用户为什么买单

我们每个人都有多次购物经历，大家不妨回想一下：购买某件产品时，你到底是为什么买单？

逛服装店，你看中了一件真丝连衣裙，商家说这是100%的真丝，纯手工裁剪，你果断买下。这时，你是因为真丝买单，还是因为纯手工买单？

逛家电商场，你看中了一款电视机，商家说这是最新的高清产品，分辨率比以前提高了3倍，你果断买下。这时，你是因为高清而买单吗？

走进一个新楼盘售楼处，你看中了一个户型，商家说这个小区绿化率高达55%，生活条件极其便利，还是重点学区房，你果断交纳定金。这时，你又是在为什么买单？高绿化率，生活便利，还是重点学区？

你可能会觉得前面说的都是你掏钱的原因，那我们不妨作个夸张的假设：

（1）那件真丝连衣裙只有一个尺码，完全不合身，你穿上会很丑，你还会因为真丝或者纯手工而买单吗？

（2）那款电视机无法接入任何有线信号，你只能连接手机一类的数码产品，那你还会因为高清而买单吗？

（3）那套房子什么都好，就是因为某种特殊原因不适合人居住，你还会因为高绿化率或者生活便利、重点学区而买单吗？

答案肯定是"不会"。虽然很夸张，但其中的道理却非常实在：无论购买什么产品，**用户的第一出发点一定是产品的基本使用价值。**连衣裙要穿在身上好看、电视机要能收看电视节目、楼房要能顺利入住……

我们愿意为某一件产品买单，首先要满足的一个条件是：**这件产品的功效能够解决我们的某个问题或者某种需求，我们是在用金钱来交换产品的使用价值。**

说到这里就会出现一个小问题，似乎所有产品的广告文案都在塑造产品价值，那为什么我们愿意为某些产品买单，却不愿意为另外一些产品买单呢？

5.2　效果和卖点的区分

现在是一个产品极为丰富的时代，可以说，不管我们想购买什么产品，总会有很多不同的品牌、型号供我们选择。比如，我们打算买一部手机，在主流的智能手机机型里，有些人看重电池的耐用性，有些人看重拍照的清晰度，有些人看重播放音乐的效果，当然也会有很多人喜欢更轻薄的外形……

你看，在满足"通话"这种基本需求的基础上，左右我们最终购买选择的往往是产品基本使用价值之外的一些因素，而这些因素通常体现为产品的各种卖点（见下页图）。

- 效果，是产品基本使用价值的体现，它只能决定我们的购买意向；
- 卖点，是产品特定附加价值的体现，它往往体现为产品的某种特征，能左右我们最终的购买选择。

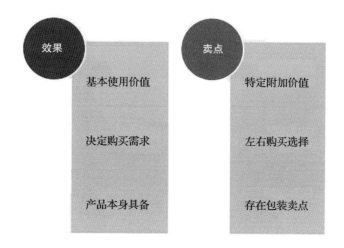

很显然，我们在写微文案时，如果只是塑造各种产品效果，虽然可以让用户产生购买意向，但是他们最终却不一定购买我们所推荐的产品。所以，在微文案里对产品进行塑造，除了对效果的塑造，对各种卖点的塑造也是必不可少的。我们向用户展示出更多卖点，就相当于给了他们更多的选择理由、更多的买单依据。

5.3　提炼卖点的两个原则

卖点之所以能够左右用户的购买选择，根本原因是它可以让一种产品在同类产品中形成独特的辨识度。

比如，同样是提供用车服务，神州专车一直在强调"安全"这个卖点；同样是智能手机，OPPO的"充电快、续航长"让人印象深刻；同样是火锅餐饮，海底捞靠着"服务体验"竖起一面自己的旗帜……

成功的卖点，往往会成为产品或者品牌的一个标签，或者说是一种代言，它能够有效制造出产品的差异化，在大多数产品都有众多竞品的当下，自身没有任何特点的产品是很难存活的。

相应地，我们在用微文案进行产品推广宣传时，就少不了要从产品资料里提炼出有效的卖点。在进行卖点提炼时，有两个基本原则（见下图）。

第一个原则：人无我有

这属于一种"绝对性"卖点，也就是这类卖点是同类产品不具备的特征，而你的产品具备。

这类卖点并不太容易提炼，它对产品的基础要求比较高，比如产品本身采用了某项特殊工艺或者产品功效会有某种特殊体现等。当然，如果产品在功能上有了创新性开发或者应用，也是可以提炼为人无我有的卖点。

比较起来，此类卖点往往更多表现为包装概念，下面看一个比较典型的例子。

不知道有多少读者还记得"27层净化"这个概念？1997年，乐百氏纯净水首次提出并在推广宣传中大肆使用这个卖点。当时的纯净水市场里品牌众多，同质化严重，大家都只是说自己的产品是"纯净水"，但到底怎么算"纯净"，消费者是无法简单做出判断的。就是在这种情况下，一个"27层净化"的概念，让乐百氏成了当时纯净水市场里"纯净"的代言人，也让乐百氏纯净水在当年的全国纯净水市场中的占有率跃居第二。

其实我们可以想一下，其他品牌的纯净水难道就没有净化措施吗？显然不是，但是乐百氏首先提出了这个概念，使自己的产品有了一个很强的差异化定位，这也是一种典型的包装出来的概念性卖点，但在当时确实做到了人无我有。

第二个原则：人有我精

和"人无我有"不同，这类卖点属于"相对性"卖点，更容易提炼一些。

比如，同样是生发产品，如果某一款产品的生发效果更快，这就可以提炼为一种人有我精的"相对性"卖点。

再比如，说起抽油烟机，想必很多人对于"老板"这个品牌不会陌生，而提到老板抽油烟机，人们又往往会将其和"大吸力"这个卖点挂上钩。从产品功效上来说，"吸力"是所有抽油烟机必备的功效点，那相对而言"更大的吸力"就是一种典型的"相对性"卖点。

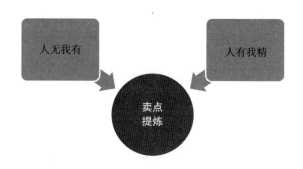

说完提炼卖点的两个原则，还要交代一些注意事项。

（1）卖点一定是用户关心的，如果脱离这个基础，那所谓的卖点就没有存在的价值了。就像水的"纯净"、抽油烟的"大吸力"，这些都是会直接影响用户使用产品的体验，它们是有效的卖点。如果我们把纯净水的卖点定在"外包装精美"、把油烟机的卖点定在"更省电"，这虽然有可能吸引到一小部分人，但是对于大部分用户来说意义不大，这就属于无效卖点了。

（2）卖点并不是越多越好，实际上，大多数产品在特定阶段往往都只强调一个核心卖点。其实这很好理解，卖点是产品的一种差异化标志，如果这种"标志"太多，用户反而不知道你的产品有什么特征了。所以，在进行卖点提炼时，"多多益善"的想法并不合理，通常一款单品有1到3个卖点就足够了。

5.4 提炼概念性卖点的五个角度

进行卖点提炼时，和产品本身直接相关的一些卖点是比较容易提炼的，比如特殊的产地或者原材料、独家的工艺或者配方、产品效果方面的独到性、产品的特殊使用场景等。这类卖点通常都能够从产品资料里得到相关的信息，我们对其进行适当总结即可，在这里就不多讲述了。

相比较而言，概念性卖点提炼的难度要更高一些，往往需要我们从微文案的角度来进行一定"包装"，在这方面大家可以从如下5个提炼角度展开（见下图）。

角度一：情感卖点

简单来说，这就是一种打"感情牌"的方式，赋予产品特定的情感，通过这种情感来影响用户。这需要从产品本身的用户群体出发来确定合适的情感切入点。如果用户群体和情感切入点不协调，那么就很难提炼出一个能引起用户共鸣的成功卖点。

我们看一个典型的例子——**"你就是我的优乐美"**。这句宣传语想必很多人听过了很多次，在这里面，奶茶成了一种感情或者说恋爱的象征。在这种场景中，优乐美就不再是一杯单纯的奶茶了，它传递给用户的信息里，感情元素已经远远超过了奶茶本身。当然，这也跟奶茶的主要用户群体是年轻人有关，对于这个群体而言，感情、恋爱几乎是永恒的热门话题。

我们在提炼此类卖点时，可以从产品的使用场景出发，再延伸到场景中的人，进而挖掘出人与人之间的情感。

比如现在有一个烤箱，单纯从"烘焙"或者"烧烤"这些功能出发，我们很难找到和情感的联系点。但是如果我们从具体的使用场景出发，比如给家里人做一顿美食、给爱人烘焙一份美味的糕点，那亲情、爱情都可以成为我们考虑的方向。

角度二：文化卖点

若产品或者品牌有一定的历史渊源，或者承载着某些文化情怀，这些无形的底蕴都可以提炼为一种卖点。

在这方面，"水井坊酒"当年的运作几乎可以打满分——1998年8月，在生产车间改造时发现地下埋藏有古代酿酒的遗迹。1999年，水井坊被列入全国重点文物保护单位，并被国家权威部门评定为"迄今为止全国以至世界发现的最古老、最全面、保存最完整、极具民族独创性的古代酿酒作坊"。之后更是被称为"白酒行业的活文物""中国白酒第一坊"。而水井坊酒则借助这一得天独厚的条件，通过一系列的推广宣传，成功为产品赋予了丰厚的历史文化价值，这是一种非常典型的文化卖点。

要提炼这种类型的卖点，前提当然是产品或者品牌本身有相应的底蕴，比如配方里"古方"的概念、创始年代的久远，或者和一些大众熟知的文化概念联系密切，比如茶文化、酒文化等。再者，通过产品倡导某种"文化"也是一种较为常见的方式，比如很多房地产宣传的"居住文化""生活文化"等。

角度三：名人卖点

这种类型的卖点很好理解，就是把代言人、创始人等知名人物本身的影响力塑造为卖点。毕竟大众对权威人物或者知名人物往往有先天的信任感、追随感，这种卖点自然也可以很好地起到左右用户选择的作用。

角度四：服务卖点

服务中能够带给用户某种特殊的体验，这些体验也可以提炼为卖点。

这方面可以考虑的点有很多，我们在提炼时只需要关注其"区分度"即可。比如我们的产品是家电，用户购买产品后，我们提供"上门安装"服务。很显然，大部分的家电销售企业都会提供这样的服务，那它就不是卖点，但如果我们提供的服务更快更及时，比如"2 小时内安装到位"，这就可以提炼为一个服务卖点。

角度五：感觉卖点

这种类型的卖点有些特殊，是从用户体验的角度来进行提炼的。

我们的产品能给用户带来什么样的使用体验？在这些体验里，哪种感觉是用户所期望的？把这种体验提炼出来就是产品卖点。

比较典型的几个例子：

- 透心凉，心飞扬——雪碧。
- 农夫山泉有点甜——农夫山泉。
- 只溶在口，不溶在手——M&M巧克力。

到这一章，微文案写作方面的基础就讲完了。

积累足够的素材、打通微文案的写作思维、掌握提炼塑造点的方法，这些都可以帮助我们写出更有效果的微文案。接下来，我们将进入微文案写作的方法篇。

- 怎么把微文案写得更短？
- 怎么把微文案写得更准？
- 怎么把微文案写得更精？
- 怎么把微文案写得更活？
- 怎么把微文案写出感觉？

这些问题的答案，我会在后面和大家一一分享。

第三篇

方 法 篇

第6章 CHAPTER

以短突破——抢夺注意力，要会长话短说

首先要说明一点，我们强调微文案的"短"，并不是否定长文案，更不是说所有的文案都是越短越好。

实际上，长文案和短文案各自有其不可替代的作用，哪怕是在广告文案里，也有很多场景会用到字数上千甚至几千的文案，其中最典型的就是销售信文案，比如《我害怕阅读的人》这个接近1200字的长文案，一直被文案界奉为经典。

那我们为什么还要强调"短"字？

正如本书开头所提到的，在这个信息爆炸的时代，很少有人有时间、有耐心再看我们的"长篇大论"了，大家的时间越来越碎片化，而我们要抢夺的，就是用户碎片化的注意力。体量更小的微文案，以其短小精悍的篇幅更容易做到这一点。而且，从文案的传播以及制造影响力的角度来说，学会长话短说也是很有必要的。

6.1　字数多不代表说服力强

我们写的每一条微文案都是有目的的，或者是为了塑造产品的某个价值，或者是为了塑造自己某方面的形象，不管具体目的是什么，我们都希望这条微文案能够影响更多人，让更多人行动起来。

从另外一个角度来说，微文案的阅读过程也是影响说服阅读者的过程。我们当然希望自己写的微文案有更强的说服力，但是说服力的强弱和字数的多少并没有关系。

在生活里，"苦口婆心"地说服或许有效，但在微文案里，翻来覆去地"唠叨"除了惹人厌烦之外，丝毫不会增强说服力。这其实就跟我们逛商场时的体验差不多。如果导购在旁边简单介绍几句，我们会觉得服务很贴心，要是碰上那种死缠烂打、喋喋不休的导购，恐怕大家都是跑都来不及吧？

我们来看一个小例子。

假设我这里有一款美容产品，效果是长期使用可以让女性的肌肤保持年轻态，让女性朋友整个人看起来显得更年轻。现在我准备针对产品的效果写一段塑造文案，比如这样：

本产品的原料均取自天然植物精粹，经高科技微生物培育，充分保持了其中有效成分的活性，再加上独有的小分子技术，可以给肌肤提供深层的滋润养护。坚持使用，不仅能显著提高肌肤的白、净、透、紧致，更能消除局部的细纹。有它相伴,岁月只会记住你年轻的美,不会留下丝毫衰老的痕迹。

看完这段文案,你能记住的是什么?

我相信,大部分读者只能记住我"吹"了不少,至于具体是什么,好像没什么印象。你既不会因为我说了天然、植物、高科技、小分子技术这么一大堆专业名词就对产品高看一眼,也不会因为我反复地说产品这里好那里好就立刻掏钱,对不对?

那这段文案一定要这么长吗?一定要这么多字数才能"充分"塑造出产品的好处吗?其实不然,我们不妨借用一句经典的广告语来对此进行塑造:**今年二十,明年十八!**

大家对比一下,同样是为了让女性用户产生"这个产品可以让我保持年轻"的印象,到底是更多的字数容易让她们记住,还是更简短到位的表达容易让她们记住?我相信,大家也不愿意看那些又长又啰唆的表达。

当然,长话短说并不是为了刻意求短,而是这种"短"能给我们带来很多好处。

6.2 长话短说的好处

我们写出一条微文案,并通过某个渠道发布出来,然后有一部分人看到了这条微文案。到这里,微文案的"任务"就结束了吗?

如果你认为这就算告一段落了,那你显然还没有真正认识到微文案的作用。比起前面的过程,之后微文案被记住、被传播,以及在这中间对用户产生影响，这些才是微文案真正的作用。而在这几个方面，微文案的"短"能给我们带来一定的优势。

优势一：更短的篇幅，意味着更容易被记忆。

一条微文案，如果看过的人留不下丝毫印象，这条微文案就是失败的。我们抢夺用户的注意力，目的是"占据"用户的大脑，进而影响其行动。因此，微文案应能让人记住全部或者一部分，这是必要的基础。在这方面，短小的篇幅更具先天优势。

优势二：更短的篇幅，意味着更容易被传播。

微文案的发布通常不会像传统的电视广告那样，依仗高频率、大数量的"密集轰炸"迅速覆盖到更多人。微文案的传播范围够不够大，更多的是要看"转发""转述"这类二次传播够不够多，短小的篇幅在做二次传播时更为方便。

这就好比我们看了一部精彩的电影，如果要给朋友转述，我们不可能从头到尾把电影情节全部复述一遍，只会讲一下剧情梗概。同样，对一篇几千字的文案进行转发时，过多的字数往往会影响点开后的实际阅读量。

优势三：更短的篇幅，意味着更便利的阅读体验。

微文案大多数集中发布在社交媒体渠道，比如微信朋友圈、社群、短视频平台、微博等。而文案阅读者又往往是通过手机观看，字数过多，预览时必然会出现内容"折叠"或者显示不全的情况，点进去阅读时，也需要有翻屏动作。比较起来，短篇幅可实现"一览无余"，这会方便得多。长话短说的好处如下图所示。

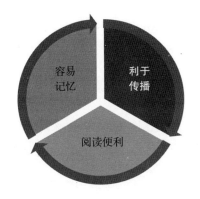

6.3 凝练文字的窍门

那怎么才能把文案写短呢？要解决这个问题，我们先要知道那些"长而无效"的表达出现了什么问题。

6.3.1 臃肿的表达往往是由三个坏习惯引起的

之所以用"臃肿"这个词，是因为文案里"无效的长"就好像身上那些多余的肉，它们不但对健康无益，反而有害，是我们应该坚决抛弃的对象。

坏习惯一：把啰唆当成完整。

为了把事情说清楚，很多人喜欢事无巨细地去表达，误以为只有把前因后果都交代清楚，大家才能看到完整的信息。例如：

我平时上班都是开车从东大街走，只需要20分钟。结果今天到了那里才知道交通部门安排了调流，改成单行了。没办法，我只能从另外一条路绕过去，估计临时才知道消息的人很多，路上堵得很厉害，足足用了一个小时才到公司，就这么迟到了半个多小时。

这段表达说了一件什么事情？其实就是"堵车迟到"这四个字，

无论是向领导解释，还是跟同事抱怨，谁会关心那些毫无意义的完整呢？

坏习惯二：认为修饰越多越形象。

很多时候，为了把被塑造对象描述得更形象生动，我们要使用一些修饰性的词语。但是，堆叠修饰用词并不能让表达变得更形象。例如：

肌肤嫩白，就像新剥的鸡蛋，又像莹白如玉的豆腐，吹弹可破的凝脂感，会让你成为众人回头瞩目的焦点。

多修饰一下，就能让肌肤的嫩白变得更生动真实吗？并不能！在微文案的表达里，这反而会引起两种不良联想：太能"吹"了！这是心虚，效果达不到才会这么反复强调！

坏习惯三：不关注表达里的层次。

很多人可能并没有意识到"层次"这个因素，但是每一个表达都是有层次的。简单来说，层次就好比我们传递信息的步骤，也就是先让对方知道什么，再让对方知道什么，最后让对方知道什么。层次过于复杂，最终形成的文案一定是臃肿的。例如：

A大家肯定都认识，影视圈里的当红女神，粉丝无数。这样的人，肯定更注重平时的肌肤养护，挑产品的标准自然也更高。但是你知道吗？在她使用的面膜产品里，就有×××哟！大明星都信得过的品牌，你还在犹豫什么？

这段文案里明显出现了四个层次：A是大明星→大明星选护肤品很挑剔→×××面膜符合高标准→你可以信任×××。这么复杂的表达层次根本没有必要，如果要更为简洁地表达，完全可以这么写：

你竟然还不知道×××？它可是一直在呵护着国民女神Ａ的美丽哟！

导致表达臃肿的三个坏习惯如下图所示。

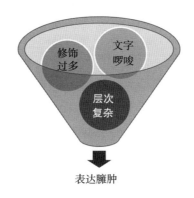

6.3.2 把文案写短的三个窍门

知道了造成表达臃肿的根源，我们只要对症下药，就能把文字变得更凝练，写出更为简洁的微文案。下面这三个窍门，大家在平时可以有意识地进行训练。

窍门一：学会抓中心，砍掉细枝末节，避免东拉西扯。

听到一条信息，我们真正能够记住的，往往就是里面的一些关键词，如果这些关键词能够串联起一个完整的事件，这条信息就是有效的。而微文案的重点就是把这些关键词表达清楚，至于这些关键词又能带出哪些信息，或者有什么其他附加信息，通常都不在必须表达之列。

中华网上有一篇标题为《年接待观众"10亿+"，博物馆缘何成为"网红打卡地"？》的文章，我们节选其中一小段文字来看一下。

当前，我国绝大部分**博物馆**都已实现**免费开放**。2019 年，中央财政继续支持包括博物馆在内的"三馆一站"等**公共文化场所**免费向公众开放，人们走进博物馆看展的门槛已降至"**0 元**"。

对于这段文字，我们看一遍之后最容易记住的关键词是博物馆、免费开放、公共文化场所、0 元，这几个关键词足以在我们脑海里形成一条完整的信息：博物馆等公共文化场所免费开放，0 元可进。

那需不需要在里面再添加一些补充信息，让它变得更完整，比如三馆一站具体是哪些、免费向公众开放具有什么意义？

显然不需要！但我们在写微文案时，往往就会进入这种误区，总觉得在某个关键词上需要多交代一点，不然别人看不懂，或者会显得价值不够。实际上，我们多说的那些，通常根本不会引起大家的注意。

上面选取的这段文字已经足够简洁，不过，我们可以尝试用更简洁的方式来写一下，这就是我建议大家采用的练习方式：**缩写**。

比如可以把这段文字缩写为如下形式（这里我们不考虑前后文之间的呼应，仅针对文字表达进行缩减，目标是用更少的字数做清楚表述）：

博物馆免费开放成常态，中央财政继续支持公共文化场所的不收费制，0 元看展的机会越来越多。

建议大家平时从网站或者公众号等平台上找一些文章或者文案，最好是和自己写的类型相关的，选取其中的一些段落有意识地进行缩写练习，这可以很有效地提高"抓中心"的能力。

把文案写短的窍门一如下图所示。

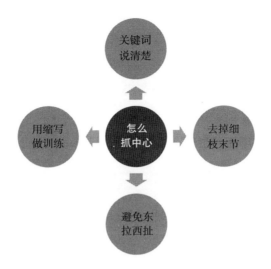

窍门二：少用修饰词语，名词+动词已经足够形成精彩的微文案。

关于这一点，有两个知名人物的见解对我们极有指导意义。

（1）著名策划人丰信东说过，**不好的文案把形容词拿掉之后，就什么都没有了。**

（2）文案大师保罗·西尔弗曼说过，**动词传递图像的速度总是比形容词快。**

如果把一条微文案视作一盘菜肴，修饰词语就好比其中的调料，使用得当，调料确实能给菜品提鲜，但是要清楚一点，我们想吃的是菜，而不是调料，要是调料比菜都多，估计没人能吃得下去。

例如，现在有一把厨房用的砍骨刀，我们要塑造它的锋利，你会怎么表达？你的脑海里是不是冒出一堆类似"锋利""利器"的词语，还是琢磨着用什么形容词来把它描述得更具体形象？其实根本没有必要挖空心思去"形容"，我会这样表达：

手起刀落，一刀两断！（配图：案板上一根粗壮的猪棒骨被砍成整齐的两段。）

这里面甚至都没有提"锋利"这个词语，但你一定会产生锋利的印象。

写完一条微文案，可以试着把其中的大部分形容词、副词等修饰性词语去掉，看看没有了它们，剩下的内容到底还有没有吸引力，能不能表达清楚你想塑造的价值。

如果不能，你就应意识到：仅指望去掉的那几个修饰词来打动用户是不可能的。

如果能，那还要这么多不必要的修饰词干什么呢？

把文案写短的窍门二如下图所示。

少用修饰词		
名词、动词传递的信息更确切	修饰词语是"调料"，不是"主菜"	必须通过修饰词才能说清楚，通常是因为没找对表达点

窍门三：简化表达层次，走直道，别绕弯。

表达层次搞得过于复杂，通常是因为用了太多的"循环信息"或者"间接信息"，我们通过一个小例子来讲解。

比如我想塑造"水果很新鲜"：先说原产地在×××，距离销售地很远；再说采摘之后用空运方式第一时间运送；最后说分拣之后保鲜包装。

这里面就存在多条间接信息，表面上看起来这些信息都是有塑造作用的：

- 产地远→能吃到鲜果不容易；
- 采摘后空运→保鲜运输成本高；
- 分拣后保鲜包装→买到的水果很新鲜。

我们试图用很多"证据"来证明水果很新鲜，但是过于复杂的表达层次很容易分散读者的注意力，还不如更直接地表达为：

昨天，它们还长在×××果园的树上！

这里的表达层次就更为简单：刚采摘→新鲜。

简化表达层次，可以让用户做判断时更省劲——没有人愿意看一条微文案时还要进行"烧脑"推理！

到这里，微文案的"短"就讲完了，我们回顾一下把文案写短的三个窍门，如下图所示。

做到"短"，这只是完成了第一步，因为仅篇幅够短小，并不代表就有人愿意看。下一章会讲到微文案的"准"，找到对的人，说对的话，这样才能取得对的效果，这个"准"字，可以让你在写微文案之前找到一个正确的出发点。

第7章 CHAPTER

以准制胜——引发关注前,先找到对的人

在"小筑微文案"的培训课上,经常有学员问我这样的问题:"小筑老师,你看我这条文案写得怎么样?"

这时我通常会先反问:"你这条文案打算写给什么人看?"

很多小伙伴会理直气壮地说:

- 我在卖减肥产品,文案是写给需要减肥的人看的;
- 我在经营化妆品,文案就是写给爱美女性看的;
- 我在经营健康产品,文案就是写给有健康需求的人看的;
- 我在推广保险产品,文案就是写给有保险需求的人看的;

……

类似这样想当然的想法，你有没有呢？

听起来好像很有道理，但从微文案的实际传播效果看，用户根本不会买账！我相信，每个人都明白一个道理：没有任何一道菜能合乎所有人的口味。既然如此，那我们**凭什么要求一条微文案能打动"所有"人呢**？

咱们从生活里的一件小事情说起。喜欢健身的人很多，老大爷们喜欢早起到公园里遛个弯，大妈们喜欢晚上忙活完了去跳会广场舞，年轻人喜欢定期跑到健身房里泡一会……

我跟广场上的大妈说，"锻炼有好处，坚持一阵马甲线就出来啦"，她们能明白我在说什么吗？

我跟健身房里的年轻人说，"就得经常锻炼，身体好腿脚利落，买菜爬楼啥的都觉不出累"，他们又会怎么看呢？

很显然，两种情况都聊不下去。不是我说的话有错，也不是他们挑剔，只是我没有找对说话的人。如果两段话的场景互换一下，我相信，两边都能找到共同语言。

微文案是为了引发用户的关注，但这里的用户从来都不是指"所有"人，而是一部分特定人群，找到这些"对"的人，我们写的微文案才能发挥出应有的作用。

那要怎么找到这些对的人呢？完成下面这三步，就可以从人群中圈出那些属于我们的"菜"。

7.1 给自己一个定位

简单来说，我们可以用一句话来概括"个人定位"：**你在什么领域，具备什么优势，这种优势能带来什么好处**。

给自己一个定位，是为了给你的读者提供一个"坐标"，让他们更容易找到你、接受你、认可你。

往大处说，提到"让天下没有难做的生意"，你就能想到阿里巴巴，而提到阿里巴巴，你又很容易想到马云；往小处说，买鲜鱼活虾你很有可能去一两个固定的摊位，因为他们家的"招牌"就是当天捕捞、当天销售……这些都是定位的体现。

在定位里，有三个关键点：**领域、优势、好处**（见下图）。

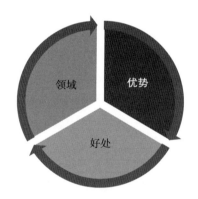

那我们该怎么从这三个关键点确定自己的定位呢？下面依次看一下。

1. 领域

这里的领域指细分领域，而不是过大的宽泛领域，例如：我的擅长领域在减肥方面、我的擅长领域在服装方面，这都属于过于宽泛的领域。比较起来，产后减肥、服装款式搭配就是细分的领域。以我自己为例，我定位的领域始终是微文案，相对于文案，这是一个细分领域。

强调领域的细分，是为了形成定位上的**差异化**。这一点很好理解，举个例子，你的小区里有一个闲钱理财的专家，大伙儿有理财方面的需求时都会上门讨教。但如果小区里有100个这样的专家，你会相信谁？恐怕哪个都不会信了，因为数量太多，根本分不清谁才是真正的专家。

在确定自己的细分领域时，大家可以参考以下三个方向（见下图）。

- **品牌产品方向**。你经营的品牌产品所属的行业领域，就是你定位的大方向，确定了大方向后再从中确定一个更为细分的具体领域，比如前面提到的从减肥到产后减肥。
- **技能经验方向**。比如"理财""保险"都可以视作专业技能，"会带娃""婆媳关系处理得好"是很好的生活经验，这些都可以作为我们定位时的领域。以"会带娃"来说，如果你在这方面有自己独到的见解，那完全可以把定位的大领域放在"宝妈"这个点上，再从"会带娃"的具体表现上去细分。比如带娃的时间分配合理，带娃的同时还不耽误自己做事情，那细分领域就可以是"宝妈的时间管理"。
- **性格能力方向**。如果在前面两个方向上都没有找到很合适的切入点，那么我们也可以从性格、能力出发。比如你是一个亲和力特别强的人，就算陌生人和你相处也感觉特别舒服，那你完全可以从这个点出发，定位领域就圈定在"和陌生人交朋友"上。再比如你人缘好，朋友很多，这代表你的人脉资源特别丰富，那你把定位领域确定在"人脉"上，再根据自己的情况确定出类似"人脉维护"的细分领域就可以了。

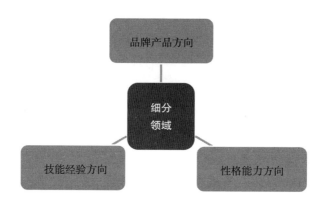

2. 优势

在确定细分领域的过程中，实际上已经圈定了优势方向，我们要做的是进一步明确优势。

下面以前面说的"宝妈的时间管理"为例。你的优势可以具体为**"总能挤出时间"**，也可以具体为**"能用同样的时间做更多件事"**。

在这一点上我要多说几句。在我的培训中经常出现这样的情况：有些小伙伴找优势找得特别纠结，琢磨半天，最后发现自己完全没有优势。

真的有人一点优势都没有吗？我从来不这样认为！每个人身上都有闪光点，只不过我们往往会忽略自己的闪光点，或者还没有找到那个适合自己发光的舞台。大到事业团队，小到家长里短，总有一些事情是你特别熟悉的，甚至已经达到游刃有余的地步，这些都是你的优势。

3. 好处

好处就是把优势"变现"，让大家可以直接感受到。

换句话说，优势是我们自己的，好处是大家的，人们更关注的是能从你的优势中获得什么好处。

还是看前面的例子。

我是一个在时间管理方面有优势的宝妈，总能在每天的忙碌中挤出一些时间。这个优势能带来什么好处呢？可以让更多宝妈不必每天被拴在家里，重新获得逛街、购物、做美容的自由；可以让更多宝妈有时间做些兼职工作，有点自己的收入，不必再做"伸手党"……

如果我们以"宝妈"这个点为例，把领域、优势、好处这三个关键点串联起来，就会形成一个具体的个人定位：**我是一个擅长时间管理的宝妈，能帮你在每天的忙碌中挤出一些时间，可以在带好宝宝的同时做些兼职，有点自己的收入，不必再做"伸手党"。**

这个定位，代表的是我们的立场。写微文案时，也就是我们站在一个什么样的立场上来对大家进行介绍。这也是"找到对的人"的第一步。

7.2 给你的价值一个定位

说到这个估计有不少伙伴会迷糊，前面给自己定位时，优势带来的好处不就是一种价值吗？怎么还要给价值定位呢？

这就要回到本章一开始的问题了，如果就按照前面确定的优势和好处来确定人群，很多伙伴就会想当然地理解为：既然我能帮宝妈如何如何，那我的微文案就是写给所有宝妈看的。

所以，在完成个人定位之后，我们还需要给自己的价值做一个定位，这个过程就是对我们的意向用户进行筛选。

那到底该怎么进行价值定位呢？我称这种定位方法为**"二分法价值定位"：从多个维度，对个人价值进行多次一分为二的划分，确定它归属什么类型，在最后的交集中找到精准用户群体。**举例：

确定了个人定位里的优势和好处之后，我们开始进行多个维度的二分：
- 这种价值是物质层面的还是精神层面的？
- 这种价值是能即时兑现的还是延时兑现的？
- 这种价值对女性帮助更大还是对男性帮助更大？
- 这种价值对年纪大的人更有吸引力还是对年轻人更有吸引力？
- 这种价值上班族更容易实现还是非上班族更容易实现？

……

假如我们从前面这五次划分里得到的结果都是后者，那关于我们个人价值的定位就可以得到一组"线索"：是精神层面的价值，需要一段时间才能兑现，对于年轻男性的帮助更大，非上班族更容易实现这种价值。

你看，这是不是一个用户群体逐渐变得精准的过程？从更多的维度去找交集，我们就可以得到一个更为精准的群体结果。

至于具体从哪些维度来划分，并没有硬性规定。比如你经营的产品是女性用品，那你就找不同的角度对女性群体进行划分，可以从年龄、婚姻、教育、收入、家庭、职业等任何角度进行。

这实际上就是用多个标签进行比对，从中找出那个更需要我们提供的个人价值的群体，这个群体就是写微文案时要考虑的那部分"对"的人。

对价值定位的具体流程如下图所示。

7.3 给你的意向用户一个定位

通过价值定位,我们可以圈出一个相对精准的意向用户群体。那我们在写微文案时,对这部分人都一致对待就可以了吗?

答案是否定的!

比如我正在经营一款保健品,也圈定了一个相对精准的群体,大家不妨考虑几个问题:

- 相信保健品效果的人和不相信保健品效果的人,愿意看到的内容会一样吗?
- 购买后自己使用的人和买了给亲人朋友用的人,能打动他们的理由会一样吗?
- 为了调理身体不适而购买的人和为了预防身体出现不良症状而购买的人,让他们行动的理由会一样吗?

显然,这其中都是有区别的,也需要我们的微文案进行"区别对待"。给意向用户定位,较为简捷的方式是用标签进行区分,不同标签下的人群的诉求点会有区别,我们在表达时要根据对方的诉求来"投其所好"。

这里,我给大家推荐三组较为典型的标签(见下图),这三组标签适用于大部分意向用户群体。

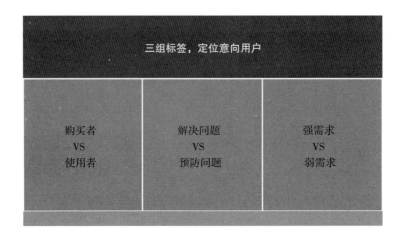

第一组：购买者 VS 使用者。

很多产品的用户群体里都会有"购买者"和"使用者"的区别。对于使用者来说，我们强调产品效果对其影响力更大；对于购买者来说，从情感、关爱、友情等方面影响他们往往效果更好。

第二组：解决问题 VS 预防问题。

对于想解决问题的用户，我们的微文案应把表达重点放在让他们相信产品解决问题的能力上，比如同类型用户的使用反馈；对于想预防问题的用户，我们通常要花更多心思在理念培育上，让他们意识到使用产品的必要性。

第三组：强需求 VS 弱需求。

对于需求强的用户，我们的重心是引导行动；对于需求弱的用户，我们的重心是强化需求。

经过个人定位、价值定位、用户定位这三步，我们能够获得什么成果？

一个有标签的意向用户群体可以告诉我们，对什么样的人，应该说什么样的话。也就是说，让我们在写微文案之前，就有一个更为准确的出发点。

那具体要对他们说什么呢？下一章里，我会给大家分享微文案的"精"，让你的表达真正吸引到他们。

第8章 CHAPTER

以精持续——抓牢用户,靠废话是不行的

在每个妈妈的眼里,自己的孩子都是最优秀的。其实文案人也是这样,每个人都觉得自己塑造的产品是最好的,自己在把最好的内容展示给用户。那你在写微文案的时候有没有想过,你塑造的"价值"到底是不是用户需要的呢?

- 我们的产品里用了最先进的专利技术,绝对是高科技,难道你会不需要?
- 我有国家承认的营养师牌照,有十几年的从业经验,难道你会不信任我?
- 我们的减肥产品已经帮助几十万人瘦身成功,只要你想减肥,你一定需要。
- ……

在你曾经写过的微文案里，有没有这类内容？你写的时候，是不是也抱着相似的念头？而准用户们看了你的微文案之后的反应是什么？是追着你咨询的多还是毫无反应的多？

在微文案里，比表达更重要的是对用户需求的精确把握。

8.1 什么是用户真正想要的

对于微文案，我们应该以什么身份来写呢？销售者、推广者，还是文案人？

不，如果你没把自己放在用户的立场上，你可能永远摸不透用户的心思，写不出他们想看的内容。

生活中，我们每个人都是消费者，都是用户。不妨回忆几个消费场景，看看到底什么才是用户想要的。

盛夏街头，逛店逛到浑身燥热，到冷饮店里喝一杯冷饮；

考试结束，看着孩子依然不太理想的成绩，四处打听哪里有好的补习班；

本来已经习惯了去那个离家600米的市场买菜，突然发现小区门口新开了一家净菜店，品种丰富，价格也不贵，还能省出20分钟的走路时间，它很快就成了你的新"主场"……

在这些场景里，作为用户的我们，到底想要什么呢？

前面说过，产品的使用价值是用户的第一需求，这一点更多是从营销的角度来说的，如果从写微文案的角度来说，我们需要更"人性化"。想一下，在绝大多数的消费场景里，我们是不是都在追求一种

"改变"？

一杯冷饮，改变燥热烦闷的状态；一个合适的补习班，改变孩子的学习成绩；一个更近的买菜场所，改变在这件事情上花费的时间……

用户真正想要的，本质上都是"改变"，借由各种产品，改变目前的"状态"，把不好的变好，把好的变更好。

微文案的内容如何能做到对用户的持续吸引，让他们确信，你可以帮他们改变？看一个小例子："今年二十，明年十八"。这句话要表达的是改变你的年龄，让你年轻和美丽，比起说成分、说技术、说价格，你更喜欢听哪种？你更想要什么？

用微方案打造卖点，将产品和用户想要的连接起来。具体塑造过程见下图。

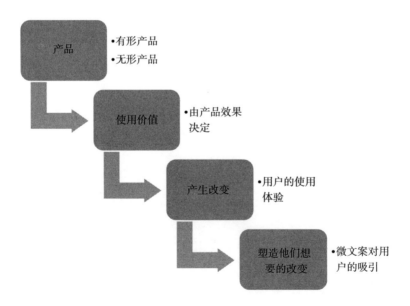

8.2 从发现需求到挖掘需求

知道了用户真正想要的是改变,并找到那些他们想改变的点后,就可以较为准确地掌握用户的需求了。上述这个过程就是发现需求的过程(见下图)。

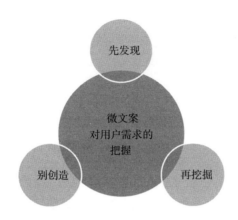

当然,如果仅从产品使用价值的角度出发,我们往往只能找到那些最直接的需求,比如饭可以解饿,水可以解渴。这明显是不够的,我们无法仅用"解除饥饿""解除干渴"这种简单的改变来满足用户的需求。实际上,更多的需求是需要我们从更多的使用场景中去挖掘的。

比如现在有一款充电宝,我们要用微文案来塑造它的价值,那到底要怎么写才能对意向用户更有吸引力呢?咱们可以先来梳理一下,充电宝能够给用户带来哪些改变:**出门在外,没有充电的地方,手机需要充电时可以救急。**

这是最容易想到的"改变",围绕这种改变,我们可以联想到很多具体的使用场景:

- 在外时间很长,中间充电宝也没电了,这就会很尴尬→需要更大的容量和更长的待机时间；
- 眼看要出门了，充电宝才充满15%，等得心急→需要更快的充电速度；
- 充电宝傻大的，手里拿不住，放包里太占地方→需要更轻便、易携带。

类似这样的需求，往往都需要结合一些具体的使用场景才能把握准确。当然，我们也完全可以再发散一下：

- 很多时候，人们习惯于把充电宝就放在手边、桌上，因此个性的外观、色彩、LOGO 会成为一种潜在需求。
- 坐飞机过安检，有些充电宝是不允许随身携带的，这方面也能成为一种潜在需求。

我想大家都能发现，后两种需求明显比前三种需求更小众，也就是说，真正关注这些的用户更少。

这也是我想特别强调的一点：**不要把挖掘需求变成创造需求。**

需求能不能被创造？当然可以，比如很多开创型产品可以改变人们的消费方式甚至生活方式，但那是产品开发者需要考虑的事情，而不是微文案写作者应该考虑的。如果我们写微文案时试图去开发一些新奇的需求，那很容易陷入自以为是的尴尬境地。比如我们塑造一个充电宝因为外壳用了某种特殊材质和加工工艺，所以手感极佳，拿在手里会特别舒服，这就是创造需求。这样的需求只是我们的想象而已，这样的塑造对于用户也不会具有什么吸引力。

8.3 用一两句话命中需求靶心

确定了一个需求点后，我们要做的就是在微文案中用合适的表达方式去"满足"这些需求。

咱们就以前面说的充电宝的"大容量"为例。现在有一款容量为100 000mA·h的充电宝，你会怎么去塑造它的"大容量"呢？

100 000mA·h超大容量，充一次，用个够！

类似这样的塑造，你感觉能不能带给用户足够的满足感，能不能吸引他们？在我看来，这样的表达接近于废话！

我们可以对这条微文案做一下拆分，里面一共有四组信息：100 000mA·h、超大容量、充一次、用个够。

这里面只有两个数字信息是确定的，其他信息都是含糊的。最关键的是，核心塑造点"用个够"这个信息是完全没法界定的，怎么就算用个够？用个够到底是一种怎样的感觉？难道这些都需要用户看了微文案之后自己再去想象吗？

对于满足用户需求的表达要尽量直接一些。

前面说过，用户追求的是一种改变，这种改变肯定是向上的、积极的改变，它也一定能让用户产生某种快感。只有让用户从微文案里感受到这一点，才算是真正满足了他们的需求。

我们可以用两种比较固定的模式来满足用户的需求，示意见下图。

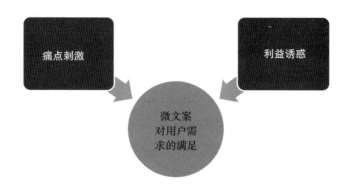

模式一：痛点刺激

用户所希望的改变如果不发生，他们会被什么问题困扰？当然，你也可以这么去想：他们为什么要改变？这里面一定有让他们不舒服、让他们痛的点存在，我们要把这些点表达出来，刺激他们改变的欲望。比如：

手游玩得正"嗨"，充电宝也罢工了？
100000mAh，够你"嗨"上三天三夜！

提出一个痛点场景，再用产品来"止痛"，这可以让用户从产品中获得的满足感更为具体。当然，这里面的"三天三夜"是一种夸张的表达，算是借用一下《三天三夜》这首歌的梗，大家不必在这上面太较真。

模式二：利益诱惑

用户所希望的改变发生后，他们能变成什么样子？得到什么结果？把这个结果拿出来，就可以放大他们改变的需求。比如：

就算出门在外，抖音想怎么刷就怎么刷，热剧想怎么追就怎么追。
100000mAh，电量"无限"，任性飞起。

可以用多少小时、多少天，类似这样的表达看起来也能让人满足，但是并不直接。一旦我们让用户去自己思考，那我们就很容易失去对这个话题的主导权，用户甚至会琢磨：我真的需要这么大的容量吗？我好像也不会用这么多电吧。

更直接的表达，更直接的利益，往往就代表着更有效的吸引，更精准的需求满足。

确定用户想要的改变是什么，从中挖掘出他们的真实需求，用微文案来满足或指出某个产品可以满足这种需求，这个过程的示意见下图。

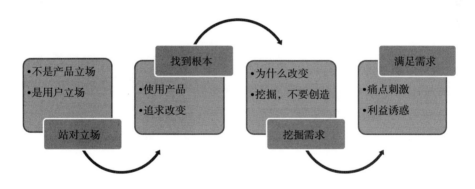

微文案的"精"，既是对用户需求的精确把握，也是对用户需求的精确满足。一条微文案之所以能够吸引用户的注意力，是因为其表达的内容是他们关心的，能给他们带来各种好处。如果脱离了这个，我们写微文案时自认为的"好"，很容易变成用户眼里的"废话"。

从前面的几个例子里不难发现，写微文案时要做到"精"，往往是和"准"分不开的。这就好比充电宝的"大容量"对于爱玩手游的人很有用，但是对于连网都不怎么上的手机用户来说，就变得不那么重要了。

那做到"精"是不是就够了呢？很多时候确实是这样，简单直接地满足精准需求，就可以让你的微文案具备足够强的吸引力。但也有很多场景，仅做到"精"是不够的，我们在写这类微文案时，往往更需要带给用户一种可视化的画面感。这就会涉及微文案的"活"，下一章将为大家分享为什么要把微文案写"活"，怎么把微文案写"活"。

第9章 CHAPTER

以活吸睛——把你的价值变成活动的画面

"画面感"这个词大家肯定不会陌生,但要说到把微文案写出画面感,估计很多朋友会觉得这是一件令人头疼的事。因为这个概念太虚了。

就像有些学员写出来的微文案,事情说得挺清楚,塑造点也没问题,但就是让人觉得差点什么。他们提出这种问题时,我经常会说:"这个微文案表达没有什么问题,就是显得有些平。"

听到这样的评价,学员往往会有点"懵"。其实,这个"平"就是指微文案表达出来的动感不足,很难让看的人在脑海里形成一幅活动的画面。

如果你对这个画面感还有些模糊,那这两句唐诗一定能让你产生很确切的感受:**大漠孤烟直,长河落日圆。**

我相信，你眼里看到的是这十个字，但你脑海里浮现出来的一定是一幅画。那我们的微文案呢？能不能把价值也塑造出画面感？

在说这个之前，我们有必要先来看一下，对于微文案来说，追求画面感到底有没有必要。

9.1 介绍和说明都是费力不讨好的事情

以产品塑造类微文案为例。如果核心内容翻来覆去都离不开对产品价值的塑造，其中大部分都和产品成分、产品使用、产品效果等有关，那么用户为什么不直接看产品说明书呢？产品说明书里既有成分说明，也有工艺说明，对使用方法的介绍也非常专业。

答案只有一个，**没人愿意看产品说明书**。那东西不但无趣，而且充斥着大量的专业术语，要搞明白很费脑子。换句话说，**太抽象的信息，解释成本和理解成本都非常高，无论是对于信息发布者还是对于信息接收者来说，都是一件费力不讨好的事情**。下图展示了微文案撰写时应注意规避的三宗"罪"。

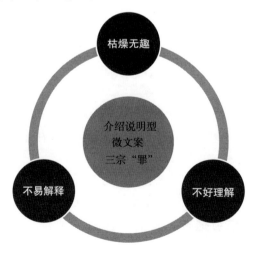

说一个我们培训中的小例子吧。

在小筑微文案的学员里，经营面膜类产品的不少，有一段时间，"富勒烯"的概念炒得很火，很多微文案里都有这个词。

但是对于大多数人来说，理解富勒烯到底是个什么东西很难。于是，为了说明它的价值，微文案中往往会再加上一句类似这样的解释：比钻石还珍贵。

不过这又会产生新问题。就算真比钻石还珍贵，这与面膜的效果有什么关系呢？这个怎么解释更合适？

结果，提富勒烯非但起不到吸引眼球的作用，反而要费很大的精力去解释它。

这其实就是一种极为典型的"介绍说明"式塑造。

说起来，富勒烯在美容方面确实很有效果，但是如果要从原理层面讲清楚，那势必要说到亲和自由基、抗氧化等专业名词，再说到活化细胞、抗衰老之类的具体功能，这样一条微文案很容易变成一段科普介绍。至于用"钻石"概念来做噱头，这本身就是一种误解，护肤品里用到的富勒烯和内嵌有氮原子的富勒烯并不是同一种物质。

在微文案的表达里，介绍和说明都是不讨喜的行为，如果为了介绍清楚某个概念还必须进行二次解释，那整条微文案往往就会变成一份枯燥的"说明书"，很难让人产生读下去的兴趣。

9.2 身临其境一次，胜过说教百次

介绍说明型的微文案不可取，但并不是说我们就不能在微文案里进行介绍说明了。在一些特定的场景里，这种表达方式是必不可少的，

比如塑造一场活动里的福利政策、一节课程的内容、某些优惠促销的信息等。但是，即便是在这类场景里，也不建议大家通篇用介绍说明的方式去写。前面说了这种表达方式的三个缺点，从微文案的传播效果上来说，它最大的"弊端"在于**很难让用户形成直观的价值判断。**

看一个小例子。现在有一款单价598元的女包，我们要通过一段微文案塑造它"质优价廉"的特点。以其中"品质好"这个点来说，你会怎么具体表达？

精选上等头层牛皮，贴近一线流行风格，追求细节上的精致……

类似这样的表达，看过后你能判断出这个包的品质好不好吗？想一下，怎么算精选？什么是上等牛皮？流行风格到底是什么感觉？精致怎么判断？

虽然我一直在说包的品质好，但用户始终感受不到。

如果我们换一个场景，这段话不是单纯地用微文案来表达，而是在实体店里由导购人员拿着一个包做介绍。说到材质时可以用手摸一下，说到风格时可以跨在肩上或拿在手里比一下，说到细节时可以指给用户看……这时候，用户是不是更容易**直接感受**到产品的好？

将实物拿在手里时，用户自然更容易做出直接判断。微文案虽然都是配合着图片、海报或者视频使用，但说到底还是在"纸上谈兵"。

我们希望通过微文案影响、引导用户，这是一个对用户进行说服教育的过程，不过千万不能真的把这事变成说教：摆事实、讲道理、列指标、苦口婆心……

最有效的说服方式就是让用户自我说服。对于微文案来说，在没有实物参照的情况下,让用户"看"到产品、"摸"到产品、切身感受到产品的价值,就是我们要写出的"画面感"。

9.3 用微文案在用户的脑海里作画

微文案的画面感可以分成两大类——感官感知和内心体会,具体示意见下图。

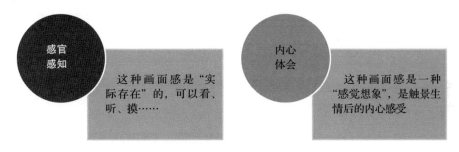

"内心体会"类型的画面感不会单独存在,它是一种比"感官感知"更深层的画面感,通常要在感官感知的基础上产生。比如一个独立在外打拼的游子,看到别人一家其乐融融的样子,想起自己的父母、老家……

这种画面感本质上是对用户情感的调动,通过一些特定的场景或画面,让用户产生情感共鸣,再联想到自己。

后面的章节会专门讲到微文案在情感方面和用户之间的交互。故这里只介绍感官感知类型的画面感。

顾名思义,感官感知就是用微文案的表达来刺激、调动用户的五种器官感觉:**视觉、听觉、触觉、味觉和嗅觉**(见下图)。换句话说,让用户看到它的形状、听到它的声音、摸到它的质感、尝到它的味道、闻到它的气息，这些就是我们要通过微文案传递给用户的画面感。

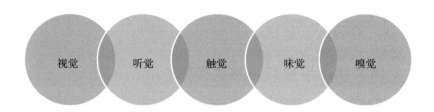

那在微文案的写作中，我们要怎么表达出这种画面感呢？下面这三种方法都是简单有效的，大家可以尝试着用起来。

9.3.1 类比塑造

类比塑造的核心有两个方向：**用熟悉去类比陌生，用具体去类比笼统。**

在微文案里，陌生感和笼统感都是我们和用户之间的障碍，前者会让用户不知道我们在说什么，后者容易让用户看过就忘掉。类比的表达方式可以很有效解决这类问题。下面看一个经典例子。2001 年，苹果推出第一代 iPod，与同时期的其他音乐播放器相比，容量大、体积小是它的优势，那要如何让用户直接感受到 iPod 到底是一件什么样的产品？

把 1000 首歌装进口袋。

从产品形象的传递来说，歌曲和口袋都是人们熟知的，而 iPod 是什么？是一件可以让你把喜欢的音乐随身携带的产品，这是很典型的用熟悉去类比陌生。

同时，这个表达在"大容量"和"小体积"两个点上的塑造也更为具体，比起说 5GB、10GB，或者说具体的产品尺寸，都更容易在用户脑海里形成直接的画面感。

类似的例子并不少见，小米体重秤用"感知一杯水重量"来塑造称量精准，睡小宝用"仅次于床上睡眠"来塑造舒适体验，这些都是类比塑造的典型应用。

在使用类比法进行表达时，假设我们想要塑造的对象是A，因为A不容易被直接感受，所以我们用人们更为熟悉或者更为具体的B来做类比，这时要注意一个问题：**表达重心是类比对象B，而不是本来的塑造对象A。**

例如，现在有一款甜品，我们想针对年轻女性推广它的口味，无论是塑造它的"甜""食用时的享受"或者"吃完后的愉悦心情"，都会发现，我们很难用文字直接把它描述出来，如果用类比塑造的方式来表达，我们可以这样去描述：

第一口，是初恋约会时的甜；最后一口，是各自回家后的想……

上述表达着重塑造的是一个初恋约会的场景，用这个去类比吃甜品时的感觉，而不是直接说甜品的味道是什么样子的。

类比塑造适合用来传递产品或者品牌在某方面的形象，当然也可以是个人形象里的某个典型特征。

9.3.2 参照塑造

和类比塑造不同，参照塑造的表达里会直接出现两个被塑造的对象，让用户通过参照对比得到一个简单直接的判断。

俗话说，没有对比就没有伤害。这句话对微文案很有指导意义，我们完全可以反过来想一下：**有了参照对比，才有价值高低**。看一个例子：

> 1000 元买不到一副**眼镜**，却可以买到**比尔·盖茨的眼光**。
> 1000 元看不到几次**心理医生**，却可以买到一辈子受用的 EQ **智慧**。
> 1000 元请不到一位**趋势顾问**，却可以买到《爆米花报告》㊀的**未来商机**。

这段文案截取自李欣频的《脑力决胜论：1000 价值之重新理解》。

在塑造"书的价值"时，也可以用类似"它可以帮你如何如何""你能从里面学到什么什么"的表达，但是有了眼镜、心理医生、趋势顾问这几个"实物"在价值方面进行参照，书的价值是不是变得更具象了？你很容易通过这些参照物，对被塑造对象的价值形成印象。

在使用参照塑造时，假设塑造对象是 A，引入对象 B 作为参照物，A 和 B 同时出现在我们的微文案里，用户可以通过二者之间的对比，对塑造对象的价值形成更为直观的印象。

例如，现在有一个补习班，可以帮助考生快速提高分数，我们要用微文案去塑造"提分快"这个卖点。通常，最容易想到的就是类似"多少天提多少分"的表达，这种传递信息的方式很具体，但是并不够形象。若结合参照塑造的方式，传递出来的信息往往更具画面感：

> **从北京到广州，2000 多公里的距离，慢车要 30 小时，动车只要 8 小时。**
> **从普通院校到 985 院校，几十分的差距，自己努力要半年一年，××补习只要 ×× 天。**

参照塑造适合用来塑造产品的某个具体效果点或者卖点，通过和

㊀ 专注于对未来趋势进行预测的图书。

参照物进行对比，达到让价值更为具象化的目的。

9.3.3 细节塑造

"细节"这个概念其实很难讲清楚，比如我说选取那些**细微**而又**具体**的点去塑造，字面意思大家肯定都能理解，但对于怎么做估计还是一头雾水。我们不妨用前面说的类比方式来解释一下：**细节塑造就是把一个场景或者情节用慢镜头的方式展示给用户看，让大家看到人物脸上的笑、眼里的泪珠、手的颤抖……**

咱们来看两段不同的表达，从中感受一下有细节和没有细节的差别。

表达 A：

结婚七年，在一起的时间越长，两个人之间的距离却越远。明明是最亲密的关系，却已经感受不到亲密的温度。

表达 B：

结婚七年，电话里没有了"吃什么""累不累"这样的"废话"，只剩下"加班""有事儿"这样的通知；微信聊天时也不再有龇牙、鬼脸这样的表情包，只剩下"嗯""好的""知道了"这样的应付……

表达 A 和表达 B 哪一个更容易让你产生画面感呢？我相信，表达 B 虽然没有说距离，也没有提疏远，你却能更真切地感受到这些，这就是细节塑造的作用，它可以让印象变得更"深刻"。

在广告文案里，也有很多细节塑造的经典案例，我们一起来欣赏一段：

因为一辆红色的 Rudge 自行车曾经使我成为街上最幸福的男孩
因为你允许我在草坪上玩蟋蟀
……
因为你的支票本在我的支持下总是很忙碌
因为我们的房子里总是充满书和笑声
因为你付出无数个星期六的早晨来看一个小男孩玩橄榄球
……
因为你坐在桌前工作而我躺在床上睡觉的无数个夜晚
……
因为我知道你的皮夹中有一张褪了色的关于我获得奖学金的剪报
因为你总是让我把鞋跟擦得和鞋尖一样亮
因为你已经 38 次记住了我的生日,甚至比 38 次更多
因为我们见面时你依然拥抱我
因为你依然为妈妈买花
因为你有比实际年龄更多的白发,而我知道是谁帮助它们生长出来
因为你是一位了不起的爷爷
因为你让我的妻子感到她是这个家庭中的一员
因为我上一次请你吃饭时你还是想去麦当劳
因为在我需要时,你总会在我的身边
……
因为你依然假装只在阅读时才需要眼镜
因为我没有像我应该的那样经常说"谢谢你"
因为今天是父亲节
因为假如你不值得送芝华士这样的礼物
还有谁值得

这是芝华士的一条关于父亲节主题的文案(节选),里面充满了父

子相处的一个个细节，篇幅很长，但你却不会有冗长、重复、啰唆之类的负面感觉，反而像是由一个个慢镜头组成的一连串的剪影，里面记录了儿子的长大、父亲的老去……

在你想塑造的产品或者场景里，是不是也有很多细节是你之前没有想到或者忽略的？那些看起来并不起眼的小细节往往更容易让看的人从中感受到具体的画面。

现在咱们再来回顾一下写出画面感的三种方法，如下图所示。

不管具体使用哪种塑造方式，制造画面感的根本目的都是在用户的脑海里留下更为具体的印象。

当然，这并不是我们的最终目的。给用户留下印象之后，我们更期望的是用户能够做出下一步行动，这也就是微文案对用户行动的引导。

那怎么才能让用户动起来呢？下一章里，我将给大家分享微文案的"感"，以感促动，让你的用户迅速行动起来。

第10章 CHAPTER 10

以感促动——要引导行动，先调动情绪

发布一条产品推广的微文案，结果根本没有人咨询，更不用说下单购买；发布一条互动的微文案，看的人不少，却没有人点赞、评论；碰上什么热点新闻，写一条微文案说说自己的想法，最后没人赞同也没人反对，搞成了"自言自语"……

类似这样的尴尬，你有没有经历过？

微文案是一种表达，对于表达来说，如果得不到任何回应，产生不了互动，那表达就变成了没有听众的"单口相声"。如果出现这种情况，那微文案的价值塑造、信息传递自然也无从谈起了。

让用户，或者说让微文案的阅读者行动起来，既离不开文案塑造的价值，也离不开我们在微文案里的引导。可以回想一下商场、摊位

上那些销售者都是怎么给你介绍产品的，说完产品的好处后，他们都会加一句：

买一件吧！

您不带点回去？

这就是在对顾客进行引导。同样，在微文案里，我们也需要有类似的引导。当然，过于简单、直接的引导往往不会有好的效果，反而很容易引起意向用户的逆反心理。

那我们要怎么引导，才更容易让用户自愿动起来呢？

10.1 引导不是喊口号

听起来，引导并不是一件特别有技术含量的事，经常逛步行街的伙伴肯定对下面这个场景不会陌生：商铺门口，青春靓丽的女销售员用甜美的嗓音招揽着门口的路人：新品到货，全场 88 折，走过路过别错过……

这种引导，你在微文案里有没有用过呢？

回想一下，塑造完产品优势后，你习惯怎么引导用户购买？塑造完项目优势后，你经常怎么引导用户加入？

我相信，习惯"口号式"引导的朋友不在少数，类似于"不容错过""赶紧加入""还等什么"这样的口号都没少使用。那效果如何呢？在我看来，更多时候这样的引导只能让用户退避三舍，"赶人"的效果比"引人"的效果更明显！

以广告文案为例，文案和阅读者之间的交互，背后是卖家和买家之间的博弈。口号式引导的逻辑很简单：

- 产品好，你值得买！
- 产品对你有价值，你需要买！
- 产品特别超值，你一定要买！

这种逻辑本身并没有什么错，但是放在微文案的场景里，却有一个很大的问题：合理不合情。

从心理上来说，没有人喜欢被"逼迫""催促"着做决定，哪怕你再喜欢一件产品，你也希望最终的购买决定是自己做出的，而不是被催着甚至逼着下单。比如商场里的导购说一句"这件衣服特别显你的体型"，会让人很心动；说一句"最后一件了，再不买就没了"，却会让人心生怀疑。

因为好，所以要买，合理的说法却不一定能带来预期的结果。喊口号做引导有一个共同特征：试图敦促用户做出一个合理的决定。但是在微文案里，这并不是有效的引导。

10.2 在微文案里，感性比理性更可靠

微文案和用户之间产生的交互，往往并不是讲道理让用户信服，而是在情感上让用户产生共鸣。看几组"江小白"的推广文案：

> 最想说的话，在眼睛里，草稿箱里，梦里和酒里。
> 不小心说出的酒话，是藏在心里许久的真话。
> 碰了杯却碰不到心，才是世界上最遥远的距离。

这些文案里，产品本身的形象只是背景，其中承载的情感才是主角。换句话说，它们并没有直接去"挑逗"用户的购买欲望，而是在"挑逗"用户的情绪，进而通过情感上的共鸣，激发用户对产品的认可，引导用户的购买。

当然，这也和品牌、产品本身的定位有关系，如果用户是老年人，那就另当别论了，因为看到这样的文案或许不会有什么感觉，但是年轻群体却会觉得这些表达很"带感"、很"走心"。就像那段简介说的：

江小白提倡直面青春的情绪，不回避，不惧怕。与其让情绪煎熬压抑，不如任其释放。

"青春小酒"江小白可以用情感撬动需求，那我们平时的微文案呢？

不管我们试图通过微文案去推广什么类型的"产品"（人的价值也是"产品"之一），因为现在已经不是"产品为王"的时代，所以不能完全从产品角度展开。

很大一部分微文案的发布渠道都带有典型的社交属性，微信如此，微博如此，短视频、直播平台也是这样。如果我们忽略了"社交"这个先天基因，只想靠着产品去俘虏用户，那最终的效果往往事倍功半。反之，如果我们充分利用"社交"的特点，通过微文案调动用户的各种情绪，让他们"冲动"起来，后面的购买行动会自然发生。这就是理性和感性的区别（见下图）。

理性VS感性		
事实道理 VS 理解知音	引导需求 VS 刺激情绪	让用户行动 VS 用户自己动

10.3 用情绪让他们动起来

"小筑老师,我总觉得这段文案引导得不好,到底该怎么做?"类似的问题,在小筑微文案的培训里经常有学员会问。表面上看,不一样的文案,引导方式、具体的表达都不一样,很难有一个统一的答案。如果真要给一个统一的标准,在我看来:**有情绪的微文案自带引导力,没有情绪的微文案,再多的引导也是徒劳。**

看一个小故事。

在繁华的巴黎大街的路旁,站着一个衣衫褴褛、头发斑白、双目失明的老人。他不像其他乞丐那样伸手向过路人乞讨,而是在身旁立一块木牌,上面写着:"我什么也看不见!"街上过往的行人很多,看了木牌上的字都无动于衷。

这天中午,诗人让·彼浩勒经过这里。他看看木牌上的字,问盲老人:"老人家,今天上午有人给你钱吗?"

盲老人叹息着回答:"我,我什么也没有得到。"说着,脸上的神情非常悲伤。

让·彼浩勒听了,没说什么,只是拿起笔悄悄地加了几个字,就匆匆离开了。

晚上，让·彼浩勒又经过这里，问那个老盲人下午的情况。盲老人笑着回答说："先生，不知为什么，下午给我钱的人多极了！"让·彼浩勒听了，只是微微地一笑。

原来在那行字的前面多出了一行字，变成：**"春天到了，可是我什么也看不见。"**

这个故事想必大家不会陌生，从中能够得到什么样的结论也是众说纷纭。这里我们不论其他，只比较前后两种表达里含有的情绪。

（1）"我什么也看不见！"这近似于一个身份介绍，告诉大家"我是一个盲人"，其中多少有些自怜的情绪。我们不妨想一下：老者是个盲人，挺可怜的，我们应不应该帮助他呢？

道理上不存在"应该"一说，就像那句俗话说的，"帮是情分，不帮是本分"。那情理上呢？同样缺乏说服力，他认为自己是一个可怜的盲人，我们却很难从这句话里感受到他到底怎么可怜。

（2）"春天到了，可是我什么也看不见。"这里面又有什么情绪呢？遗憾、失望、期望……这个表达里的情绪丰富了很多，更关键的是，我们能看到春天的种种美好，而面前的老人却看不到。我们拥有的，对方永远得不到，这已经不是单纯的视力正常的人和盲人的区别了。简单的几个字，将同情几乎变成一种本能的情绪，而这种情绪会刺激着我们做出帮助对方的举动。

虽然这只是一个小故事，但我们却完全可以将它作为我们在微文案里引导用户的典型参照。

当然，并不是说我们要去博取用户的同情，人的情绪很复杂，在这里我给大家分享三种激发情绪的方法（见下页图）。

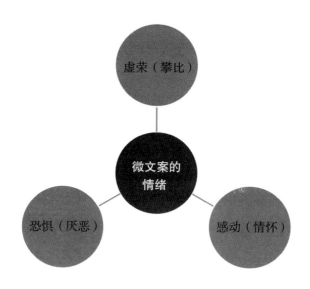

10.3.1 虚荣（攀比）

虚荣好像是一个有些负面的词，但不得不承认，绝大多数人的心里，或多或少都有虚荣的影子：

- 买了一件漂亮衣服，我们不会在家里穿给自己看，更希望能得到朋友、同事的夸赞；
- 晒几张自己亲自下厨做的晚餐的图片，一堆人跟着评论"肯定好吃"，此时总会心里窃喜；
- 闺蜜们都拿着品牌包包，自己却拿着一个不入流的，聚会时总会感觉别扭……

渴望被注意、渴望被认可，这种情绪几乎是人的本能，很难被压抑。想象一下，如果我们在微文案里把塑造的价值体现为对"虚荣"的满足，效果会怎样呢？

你可以轻易地拥有时间，但你无法轻易地拥有江诗丹顿。

这条文案里，并没有什么直白的引导，但整个文案的引导意味非常清晰，它把人分成了两种：有江诗丹顿的，没有江诗丹顿的。而江诗丹顿又是很难拥有的，那你愿意做哪种人呢？

如果将这条文案换一个说法："江诗丹顿，世界一流品牌，你值得拥有。"看到这样的表达，你还会有那么强烈的拥有欲吗？

再看一个类似的例子。

假如你还需要看瓶子，那你显然没在恰当的社交圈里活动。
假如你还需要品尝它的味道，那你就没有经验去鉴赏它。
假如你还需要知道它的价格，翻过这一页吧，年轻人。

这一段节选自芝华士的文案，通篇没有购买引导，但是看过之后你会产生一种印象：**不是所有人都"配"得上芝华士！**这也是典型的对"虚荣心"的利用。

激发用户的"虚荣心"，进而促成用户的下一步行动，在应用这种表达时关键在于：**把产品价值变成一种优越感。**

比如，我们要塑造一款减肥产品的价值，可能会这样写：

三个月，瘦成一道闪电，你要不要来试试？

这是比较常见的表达方式，前面塑造产品效果，后面引导用户行动。那"瘦成一道闪电"能不能让用户感受到某种优越呢？显然并不能。我们可以换一种表达：

女人只有两种，一种是美的，一种是胖的。

这时候呢？你是愿意做胖的，还是愿意做美的？答案很明显。这时候产品的价值已经不是单纯地"让你变瘦",而是"让你比很多人更美",这就能够在很大程度上激发用户心里的"虚荣感"。关于"虚荣"的总结见下图。

10.3.2 感动（情怀）

微文案能带给用户的感动有很多种,有些会让人暖心,有些会让人泪目,有些却会让人愧疚或怀念……

10.2节开篇给出的江小白的文案里的情怀,带给用户的也是一种感动。仔细品读一下那段文案,你能从简短的文字里感受到一个很具象化的场景。单纯的文字并不会让用户感动,用户从文字所描述的场景联想到自身或者熟悉的场景,这是产生感动的源头。

在三九胃泰的广告片《人生再难,等你吃饭》里,有这么几句旁白:

一辈子很长,却有人让你觉得不够长。

一顿饭简单，却有人一定要等你一起。
一碗粥不多，却有人总是惦记着你。
人生再难，等你吃饭。

这个广告片在网上可以轻松找到，感兴趣的朋友不妨找来看看。

三句话，对应着老年、青年、中年三个小家庭里的故事，无论是老年夫妻在疾病面前的相守相伴，还是年轻男性在职场立足的不易，又或者是中年男性因为事业危机而冷落了妻子和家庭，这些场景都很容易引发用户的共鸣。再用一句"人生再难，等你吃饭"，诠释品牌对大众健康的关爱，这种走心的表达是不是也容易入心呢？

想用微文案激发用户的感动，三个要素不可或缺：**场景、人物、情感**。这三个要素自然不是凭空设定，出发点就是我们微文案的塑造点。比如，现在我们要塑造一款手机的一大卖点——高清摄像头。

- 场景设定：视频通话。
- 人物设定：母女。
- 情感设定：亲情思念。

根据这三个要素的设定，我们可以设计一个小情节：女儿大学毕业后独自在远方的城市里打拼，想念母亲时，和她进行一次视频通话……在这个情节里，再植入我们要塑造的产品价值。

回不了家，你还可以在手机屏幕里看看妈妈鬓角的白发、眼角的皱纹。
等不到你，她也可以在手机屏幕里看看女儿嘴角的喜悦、眼底的思念。

如果"翻译"成更直白的表达，大概就是：很久没回家了，你想不想更清楚地看到妈妈？想不想让妈妈更清楚地看到你？让用户产生这种情绪、这种联想后，我们并不需要在微文案里用更直接的引导去"催促"他们做决定。

关于感动的总结见下图。

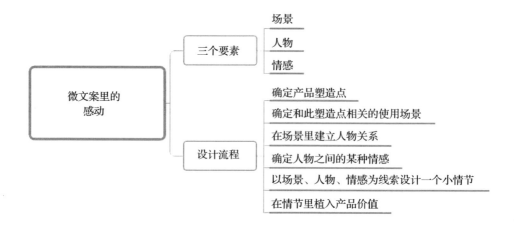

10.3.3 恐惧（厌恶）

这里说的恐惧，并不是负面的恐慌畏惧，更不是用危言耸听的夸张表达去"吓唬"用户。

从产品效果角度看，用户往往有某些痛点，这些痛点会给他们的生活带来很多不便。在微文案里突出这种痛点，然后结合产品价值向对方提供"止痛"的办法，这是利用恐惧情绪激发用户行动的正确方式（见下图）。

想借助恐惧情绪，我们必须同时做好两件事情：**让用户恐惧，为用户消除恐惧**。如果只是单纯地让用户怕，却又不给出解决办法，那

往往会适得其反，不但无法让人产生行动，反而会引起用户的逆反和排斥。

2017年，"丧文案"一度成为一种流行，但其中也不乏失败的例子，比如"你这么爱听歌，一定活得很难吧""年纪越大，越没有人会原谅你的穷"，非但没有引起大家的正向共鸣，反而招来一片声讨。归根结底，这些文案只做到了让用户痛，却无法为用户止痛，要么是根本没有这个动作，要么是产品价值无法达到止痛的效果。

这就好比用文字把用户戳到遍体鳞伤，然后弃之不顾、转身而去。这种情商和"良心"双低的表达是我们要注意规避的雷区。

在微文案的具体表达上，恐惧情绪的激发是较为简单的，常用的表达模式有三种。

（1）提出恐惧问题，给出消除办法。

怕上火，喝王老吉。

（2）用正向结果，暗示潜在恐惧。

学钢琴的孩子不会变坏。

（3）给出选择，让用户趋利避害。

给我们寄钱来，我们给您治痔疮；要不就留着您的钱，也留着您的痔疮。

情绪往往能左右行为，在日常消费中也不例外。前面提到了三种可供利用的情绪，其实通过微文案可以调动的情绪还有很多，比如喜悦、激情、嫉妒等。当一条微文案有了情绪，它也就具备了相应的引导力。比起我们在最后加一句直白的引导，这样的方式更为自然，不需要催促，用户也会自发行动。

到这里，微文案写作的基本方法就讲完了。从下一章开始，将进入实战篇，我会给大家分享多种常见微文案的具体写法。

第四篇

实 战 篇

第11章 CHAPTER 11

4个步骤写出一条有效的微文案

在小筑微文案的培训课上,我曾经做过一个小调查:写一条微文案,你大概要用多长时间?

结果很有趣,一小部分人可以用十几分钟完成,更多人却需要半个小时甚至更久才能写出来。微文案的字数,长的也就百十个字,短的往往只有几十个字甚至十几个字。明明很短的表达,为什么需要写这么久呢?

我心里知道要写什么,可就是写不出来,一憋就是几十分钟过去了;写出来的意思,总是跟我想表达的意思差一点,改来改去也不对头……是不是大部分时间都花在了这种纠结上?那你有没有想过,为什么会这样?其实原因非常简单:**如果没有一个相对固定的写作模式,**

那么每一条微文案都是"全新"的，这就相当于写每一条微文案都是在解决一个新问题，以前的经验、技巧都派不上用场，自然效率低下。

比如，昨天你写了一条微文案，写的是带着孩子去游乐场玩，写完之后感觉还不错。而今天你又准备写一条产品推广的文案，这跟昨天的内容完全风马牛不相及，于是只能再去琢磨这条该怎么下手。

不同的微文案，内容自然是不同的，但是表达逻辑或者说信息传递逻辑却是一样的。掌握了这个逻辑，就好比有了一条微文案写作的"流水线"，虽然素材不同、塑造点不同、表达不同，写作时的"工序"却完全可以形成一个相对固定的套路，这可以大大提高我们的写作效率。

对于绝大多数微文案来说，按照下面这四个步骤，就可以准确、快速地形成有效表达。

11.1 写给谁看

准备写一条微文案之前，先不要考虑你到底要表达什么或者怎么表达，而要先确定一个问题：这条文案你到底准备写给谁看？

第 7 章讲到了微文案的"准"，其中提到了精准定位的问题，想必现在你不会再想当然地认为：化妆品文案就是写给爱美女性看的，美食文案就是写给爱吃的人看的……

每一条微文案都是一段信息，我们可以把所有可能看到这段信息的人分成三类。

A：和这段信息有关系的人。

B：对这段信息有兴趣的人。
C：对这段信息有需求的人。

例如，准备写的内容大概是"周末带着孩子去游乐场玩，母子俩都玩得很开心"，分出的三类人群如下。

A：年龄相近，有孩子的父母。
B：A人群里，经常带着孩子出去玩的那部分。
C：A人群里，与孩子互动很少、关系疏远的那部分。

不难发现，在三类人群里A的范围是最大的，B和C则都是A里面的一个特定小群体，示意见下图。

基本上，绝大多数微文案的受众都可以用这种方式来区分。当然，在B类的"兴趣"人群和C类的"需求"人群里，我们还可以再分出更精细的小群体，比如对哪个具体的点有兴趣的人、对哪个具体的点有需求的人。

那在这三类人群里,我们的微文案到底要给哪类人看呢?这并没有固定的标准,目的不同,针对的人群就不一样,而这个目的是由下面的第二步、第三步共同决定的。

11.2　告诉他们什么

我们继续前面的例子,"周末和孩子一起去游乐场玩"这件事情能告诉大家什么呢?

自然不只是一次周末游玩,如果是这样的话,那就是把微文案变成了一条新闻或者通知。实际上,我们可以传达给大家的内容有很多,比如:

玩得特别开心,度过了一个幸福感十足的周末;

这个游乐场的好玩项目特别多,非常适合带着孩子一家人去游玩;

和孩子在一起其乐融融……

观察一下,不同的信息,是不是适合对不同类型的人去说?比如第一种说法,这是在展示自己的生活(类似于品牌形象、产品形象的推广),更适合对 A 类型的人群去讲,让更多人对你产生印象。对于 B、C 类型的细分人群来说,他们更关心一些具体的细节,而不是这种笼统的表达。

相应地,第二、三种说法就分别适合对 B 类型(经常带孩子出去玩的父母)和 C 类型(和孩子关系偏"冷"的父母)人群去说。

跟不同的人说不同的话,即便是同一件事情,表达的侧重点也有所不同。那么怎么确定侧重点?其实很简单,就是看我们想让对方怎么做。关于微文案信息传达的技巧见下图。

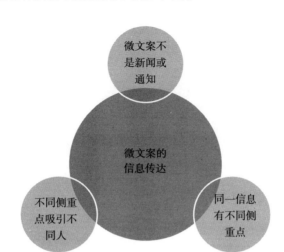

11.3 准备让他们做什么

比如我们要在微文案里表达"今天玩得特别开心，度过了一个幸福感十足的周末"，看到这条文案的人，有可能产生什么行动呢？

熟悉、认识的人，或许会点个赞，再问一句这是去哪玩了之类的；陌生人看了，可能只会有一个模糊的印象，知道你在生活里有这么一面，基本不会有任何行动。

那么，这是不是你所期望的呢？如果就是要让更多人了解你的这一面，那这种信息传达就是准确的。但是，如果你希望和很多人产生有效互动，显然另外两种说法更合适，因为其话题性更强。又或者你期望和更多的妈妈一起聊聊与孩子相处的问题，那第三种表达更适合。

回顾一下，"准备让他们做什么"决定了"告诉他们什么"，而这两个点合起来就是一条微文案的"目的"，这个目的决定了微文案到底是写给谁看的。具体示意见下图。

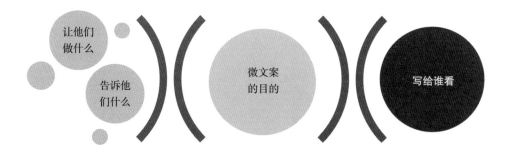

11.4 用什么话题来搭茬

经过前面三个步骤，一条微文案的主体内容已经确定了，但是在具体表达时，我们往往还需要一个引子。

中药里的"药引子"可以让整副药的效果发挥更充分，而在微文案里，引子起到的作用是让表达更自然。

举个例子，你打算约人吃晚饭。如果对方是你的朋友，那直接告诉对方就好了。如果对方是一个你比较陌生的人呢？比如是你心仪的女生，但是并没有熟到可以随时一起吃饭的程度，这时候如果你直接提出邀请，对方不一定会接受，两人还都会感到尴尬。

这时我们通常会怎么做？说几句闲话进行铺垫，把话题引到主题上再发出邀请，比如先问问忙不忙、有没有安排，再说到哪个地方刚开的一家餐馆口味不错，再提出一起吃饭。

前面做的这些铺垫其实就是在搭话茬，也就是我们说正事前的引子。显然，这种方式通常用在双方不太熟悉的场景中，而微文案的阅读者里，大部分人都是和我们较为陌生的，这个"搭话茬"的技巧就显得更为重要了。

微文案的篇幅很短，显然不可能用平时说话的方式在开头做很多铺垫，那样的话，根本等不到说正题，读的人已经把这条文案当作"垃圾信息"丢到一边去了。

咱们直接看一个例子，比较一下有引子和没有引子在表达上的区别。

A：今天太开心啦！
跟小宝在游乐场里疯了一天，差点都不想回家啦！

B：带娃怎么啦？谁规定只能闷在家里围着锅碗瓢盆转？
今天跟小宝在游乐场里疯了一天，娘俩都倍儿开心！

没有引子的 A 表达里，我们看到的是"娘俩开心的一天"，对于熟悉的人来说，他们知道你平时的样子，假如你平时很少这么做，大家会惊讶今天这是怎么了；假如你经常这么做，大家会习惯性地认为你又来"显摆"了。而对于陌生人来说，后面这些具体的印象是无法形成的，他们看到的就是文案所表达的场景：娘俩开心的一天。

有引子的 B 表达里，我们看到的信息里多了一点：带娃的妈妈也可以如何如何。对于陌生人来说，他们看到的不仅是娘俩开心的一天，还是"一个什么样的妈妈带着孩子度过了开心的一天"，这时，他们对你会多出一个标签化的印象。从展示自己、让更多人了解自己的角度来说，这种标签化的印象可以让你更容易被关注、记住。

但是，如果我们变一下表达的顺序，阅读者的感受就会完全不一样：

> 今天跟小宝在游乐场里疯了一天，娘俩都倍儿开心！
> 带娃也照样能过得精彩哟，别整天闷在家里围着锅碗瓢盆转啦！

这时，你就不是在展示自己了，而是在教大家怎么当妈。然而，没有人喜欢被无缘无故地说教，更何况是一个陌生人。

引子可以让表达更自然，对阅读者来说，更易入耳。那在搭话茬时，应该怎么选择话题呢？

我们把引子和后面的文案视为两部分，它们之间最常见的关系模式有三种。记住下面这三种关系模式（见下图），你就可以很自然地在微文案里和陌生人搭上话茬。

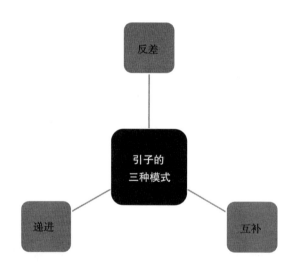

（1）反差：前后内容形成对比，从与后文表达相反的方向找话题。

> 带娃怎么啦？谁规定只能闷在家里围着锅碗瓢盆转？
> 今天跟小宝在游乐场里疯了一天，娘俩都倍儿开心！

（2）互补：前后内容互为补充，强调后文里的某一个细节。

大周末的，待在家里太浪费了！
今天跟小宝在游乐场里疯了一天，娘俩都倍儿开心！

我这算不算跨界带娃？
今天跟小宝在游乐场里疯了一天，娘俩都倍儿开心！

（3）递进：前后内容形成递进关系，通常安排为后文内容比引子内容更有力。

光让宝宝吃好喝好哪够？
今天跟小宝在游乐场里疯了一天，娘俩都倍儿开心！

目的明确（什么内容引发什么行动）、对象明确（写给什么人看）、表达自然（必要时的引子），这些就是写出一条有效微文案的要素。

"磨刀不误砍柴工"，如果你需要花费十几分钟甚至几十分钟完成一条微文案，那不妨在动笔之前，先拿出三五分钟想好本章介绍的这四个步骤，有了框架之后再往里填充内容，一定可以事半功倍。

第12章 CHAPTER

8种常见微文案的写法

微文案能表达的内容很多,且没有一定之规,不过有一些类型是我们经常用到的,本章会针对其中的八种来做详细讲解,示意见下图。

12.1 品牌推广类微文案

用微文案进行品牌推广,目的可以总结成一个:**传递品牌价值,深化品牌形象**。换句话说,就是要让大家清楚感受到品牌给予他们的帮助,进而在他们心里建立起一个稳定的品牌形象。

看几个例子:

百度一下,你就知道。来自百度的广告语,传递的价值是为大家答疑解惑。建立起来的形象,自然是那个大家都熟悉的"度娘"。

再小的个体,也有自己的品牌。

来自微信公众号的广告语,传递的价值是帮助大家提高影响力、打造个人品牌。而在大家心目中,它就是一个高影响力的信息中心。

不难发现,品牌推广类微文案的核心就是两个关键词——**价值、形象**(见下图)。

怎么写好品牌推广类微文案?其实我们可以反向思考:避免了错误的表达,就能够写出正确的表达。

有三个写此类微文案时一定要避免的"雷区"。

1. 价值笼统

利用品牌文案进行价值塑造时必须做到精准，必须能够体现出一个品牌的核心价值。比如"百度一下，你就知道"，这句广告语是对百度核心业务之一——搜索业务的精准诠释，体现出来的价值也是精准的：通过百度我们可以了解很多信息、感受到互联网世界的丰富多彩……

那么我们是否可以用下面几条微文案来做百度的品牌塑造呢？

- 打开百度，拥抱多彩世界。
- 百度，通往新世界的入口。
- 百度，互联新生活。

这几句话也完全能解释通。但是对比一下就很容易发现，这几句话体现出来的价值都是模糊不清的，更谈不上**体现品牌的核心价值**。比如说，"拥抱多彩世界"听起来很有吸引力，但至于到底有什么用，谁也说不清楚。甚至，我们把百度换成一个其他品牌也完全能解释通。

- 打开（某电视品牌），拥抱多彩世界。
- 打开（某床上用品品牌），拥抱多彩世界。
- 打开（某手机品牌），拥抱多彩世界。
……

显然，用户无法从这种笼统的表达里得到确定信息。但是在实际中，类似的表达层出不穷，甚至深受微文案写作者的青睐：

- 尊贵品质，非凡品位；
- 时尚简约，极致体验；

- 智享生活；

……

类似的表达你有没有用过或者看到过？看起来格调很高，但实际上云山雾罩，不知所云！

每一个品牌都有自己的定位，其中也必定有关于品牌核心价值的诠释，这是写品牌推广类微文案的第一出发点，微文案要做的就是精准、具体地体现出品牌核心价值。

2. 自夸自嗨

这类表达的共同特征是"强行"把自己放在一个很高的位置上，不考虑大众的认可度和接受度。

比如经典的培训机构广告语"要学×××，就来×××"，其言外之意，这里是大家的不二选择。那理由是什么？这种格外强势的表达从来不说理由。

再比如"引领×××潮流、开创×××时代、缔造×××生活……"如果用生活里的人际交往来类比，一个惯于在朋友圈里自抬身价、摆高姿态的人，最终结果只能有一个：没朋友。

品牌推广，本质上就是品牌与用户或准用户之间的互动，我们完全可以从人际交往的角度来看待双方的关系。一个品牌如果故作高姿态，那它和用户之间的距离只会越来越远，品牌形象自然也会越来越模糊。

3. 调性不合

调性不合，是指微文案的表达调性和品牌调性不协调，甚至反差强烈，这会让阅读者感觉很怪异，严重影响品牌形象的建立。

比如，一个国际化集团公司的高管参加一场商务谈判。他穿一身职业正装很正常，如果踩着拖鞋穿着 T 恤出场就不正常，这是穿着打扮的调性与人物身份调性、场合调性产生了强烈反差，旁观者自然难以接受。

每个品牌都有自己的调性。

把品牌想象成一个人，调性就好比人的"性格表现"，微文案就好比人说的话，优雅的人不应说出粗俗的话，粗犷的人也不应玩什么文艺范。

前面的章节里我们提到过江小白的情怀文案，这种风格的受众群体很大。那可不可以用这种风格去写茅台的品牌推广文案？显然不合适！

调性不合的表现有三种，示意见下图。

- 高攀：比如，日常用品写出奢华的感觉。
- 低就：比如，奢侈品牌写出小气的感觉。
- 错位：比如，运动用品写出温柔的感觉。

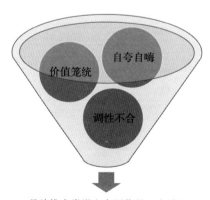

品牌推广类微文案写作的三大错误

这里要说明一点，调性并不是品牌的先天属性。一个新品牌刚面世时，在用户心目中它不会有明确的调性。品牌定位会决定文案推广的方向，而文案的持续影响又会在用户心目中深化品牌形象，品牌形象逐步清晰的过程，也是品牌调性逐步明确的过程。

我们可以给品牌推广类微文案列出一个通用标准：**以品牌定位为基准，对品牌价值做出精准、具体的塑造，以合乎品牌调性的文字进行表达。**

我们来看一个具体的例子。考虑到版权方面的问题，不适合随意选取品牌来举例，这里就以"小筑微文案"这个品牌为塑造对象吧。

小筑微文案提供的是微文案写作方面的培训服务。

从定位方面来说，**微文案培训**是这个品牌定位里的核心点；从价值方面来说，**学会微文案写作、用好微文案之后能够得到的结果**，是这个品牌价值的直接体现。通常在这方面会有多个可选项，比如可以更好地沟通表达、可以维护好并扩大自己的人脉圈子、可以通过营销推广获得更好的经济效益、可以让一个人变得优雅知性……

有多个方向可供选择的情况是比较常见的，但是在进行具体塑造时，一定不要求全。也就是说，不要试图把一个品牌能提供的价值全部交代清楚，这样塑造出来的品牌形象反而会变得非常模糊。

在品牌类微文案里我们通常只会**强调其中的一两个点**。比如在考虑小筑微文案的品牌微文案时，我首先选择的是**经济效益**这个点，毕竟文案在大多数情况下都在为营销服务，这个价值的受众群体也更为广泛。

除此之外，我也想塑造出微文案这种表达工具在营销之外的作用，它除了能帮助大家赚钱，还能给大家带来**心智、修养方面的成长**。

到这里，关于这个品牌塑造的微文案基本信息就已经全了：**通过微文案培训服务，我们可以帮助大家获得更好的经济效益，以及心智、修养方面的**

成长。

这段信息就是我们要通过微文案表达出来的，只不过对于品牌微文案来说，品牌形象的传递也是很重要的一环。既然是一个培训品牌，那传递给大家的形象可以是"老师"或者"学校"，当然也可以是"朋友"或"贵人"一类的形象。

比如我想把小筑微文案的品牌形象塑造为一个"贵人"形象（这个贵人当然不是说身份高贵，而是能够帮助他人获得机会和成长的导师），那这条品牌微文案的思路就非常清晰了：**塑造一个通过微文案培训，帮助大家获得更好的经济效益，以及心智、修养方面成长的贵人形象。**

最终，我用了八个字完成了这个塑造：**以文为马，财智人生。**

这里面，"文"是品牌定位的核心体现；"马"既有"马到成功"的含义，也有"扶上马送一程"的意思，这是对贵人形象的塑造；而"财"和"智"则是品牌价值的直接体现。

最后梳理一下品牌推广类微文案的具体写作思路：**确定品牌定位里的核心点（品牌是做什么的），确定品牌价值里的核心点（品牌能让大家得到什么），用上述两个核心点的相关信息建立起一个和用户有关系的形象（比如食品品牌可以是安全形象，保健品品牌可以是守护者形象等），这样形成的微文案就是一条有效的品牌推广类微文案。**

12.2 带货类微文案

带货类微文案算是一种非常"功利"的文案，这里的功利并不是贬义词，只是说它的目的性更强，实现手段也更简单直接，甚至是"粗暴"。

一条微文案带货效果的强弱，和表达里所体现出的"煽动性"有直接关系。煽动性越强，带货效果就越好，反之，带货效果越差。

要获得更好的带货效果，绝对不是仅在文字组织有一定技巧或者能力就可以，卖家和买家之间的心理博弈也是重头戏。我们不妨先从心理博弈的角度捋一下文案表达的思路：用户需求越强，他们的购买动机就越强，而微文案要"煽动"的就是用户需求。从这一点上来说，**带货微文案的核心表达效果就是增强用户对产品的需求**。

用户购买产品之前，有哪些因素能够增强他们的需求？

- 急等着用时需求更强：**急需**。
- 有限时权益（如限时优惠）时需求更强：**好处**。
- 数量有限甚至需要抢购时需求更强：**稀缺**。

这三个因素都能直接左右用户的需求，其中，"好处"和"稀缺"对需求的增强并不绝对，而"急需"这个因素效果更为稳定。

那我们不妨思考一下，有没有办法通过微文案来加强用户需求的迫切性？

答案是肯定的。在你干渴难耐时，哪怕买水的人排成长队，你也会等着购买。如果现在并不渴，就算知道一会一定需要喝水，碰到排队买水的情况，你也会觉得可以待会再买。**处于干渴状态时**，用户对水的急需性更强。

这就是说，我们告诉对方"你会干渴"，远不如让对方自己"感到干渴"，带货微文案一定要有很强的**情境感**。

看个小例子，大家体会一下为什么第二种表达比第一种更具情境感：

干渴的时候，你需要来一瓶×××。

打完半场篮球赛，你需要来一瓶×××。

除了前面说的四个因素，还有一个因素对用户需求有很强的影响力，我们看一个对比。现在有一款护肤品，功效是预防、治疗粉刺：

针对没出现粉刺的人群，告诉她们产品可以预防粉刺；

针对已经有了粉刺的人群，告诉她们产品可以治疗粉刺。

哪种情况下，用户对产品的需求更强？通常都是后者的需求更强，这其实也是"人性"本能的体现：绝大多数人都不认为自己会得某种病，或者出现某些不好的症状。一旦真的出现了，人们又往往急于摆脱现状，哪怕要为此花费更多的钱。

从以上叙述中我们可以得到一个结论：**治愈性**产品往往比预防性产品更容易销售。

相应地，带货类微文案里塑造产品的预防效果远不如塑造产品的"治愈"效果。这里的治愈并不是特指治疗好某种疾病，它完全可以是消除某些不良症状、摆脱不适状态等。例如，一款防蓝光眼镜，

塑造 A：防止蓝光侵袭，守护视界健康。

塑造 B：消除眼睛疲劳，还你清晰视界。

塑造 B 比塑造 A 体现出了更强的治愈性。

大部分产品在塑造表达层面上，都可以找到更倾向于"治愈"的描述。当然，前提是合乎产品本身的功效，不能为了追求"治愈"而无中生有。

总结一下，影响用户需求的五个因素如下图所示。

这里面,"好处"和"稀缺"是独立元素,可以在微文案里单独塑造出来。"情境"和"治愈"都是为了增强"急需",前者是通用的,后者要结合产品的实际效果确定。

到这里我们可以梳理出一个清晰的带货类微文案表达思路:**让用户意识到他们急需产品的同时,给他们更多好处,或者用稀缺性激发他们的抢购心理。**

下面我们看一下具体的微文案该怎么写。

首先,从结构上把一条带货类微文案分成四部分,如下图所示。

1. 标题

带货类微文案一定要有标题,并且要把最核心的信息在标题里体现出来。

如果标题不能起到吸引用户看完全文的作用,那么这条带货类微文案就失败一大半了。不需要在标题里玩弄一些花哨的文字技巧,**直接给具体的好处**最重要。

比如一次特卖活动,原价599元的产品优惠价为399元,限量1000件,产品在同类品牌中属于中档类型,没有很亮眼的卖点。

这里面最"值钱"的信息就是200元的优惠,而1000件的限量能够制造稀缺性。用"特大优惠""夏季特卖,倾情回馈"之类的标题都没有把价值体现出来。正确的表达是用类似这样的标题:**立省200元,仅限前1000人!**

通常我们可以把下面这些信息直接体现在标题里,示意见下图。

- 给用户带来方便:简单×××、快速×××……
- 给用户解决问题:消除×××、治愈×××、改变×××、如何×××……
- 给用户提供好处:省钱、免费、赠送……
- 给用户提供机会:限量、限时、倒计时……
- 给用户提供保障:保证×××、××人证明×××……

2. 开头

带货类微文案的开头要**先把用户代入情境里**,通过情境激发用户对产品的需求,而不是一开头先描述产品参数或者对产品进行塑造。

例如,塑造一款唇膏:

A:××明星也在使用的产品,国际一线品牌!
B:要是拥有××明星一样的唇色,闺蜜聚会时你肯定是最耀眼的那个!

B里的情境感更强,对用户需求也有更多的加成。

设定情境时,可以选择使用产品时的场景(比如产品是不粘锅,场景可以设定为炒菜时),也可以选择使用产品后的场景(比如上面举的唇膏的案例)。

3. 中段

中段的职责是针对标题内容进行必要的**说明**或**补充**。比如标题体现的是产品可以快速消除某症状,在中段内容里,我们可以从产品成分或者功效原理等方面,说明为什么能够实现标题里说的效果。

这部分内容主要是为了增强可信度,让用户确信我们给出的"好处"。

4. 结尾

结尾的表达有两种类型:如果还有福利优惠或者稀缺性信息没有在标题和中段中体现,可以把这些信息放在结尾,从而起到"加码"

的作用；如果所有的"好处"都已经体现完全，可以用一句引导语作为结尾，引导语直接呼应开头的情境即可。

比如前面举的唇膏的例子，结尾处可以用这么一句引导语：

你跟明星的距离，其实只差一支××唇膏哟！

把四个部分连起来，就会得到写带货类微文案的有效模式：

- 标题里用直接具体的好处留住用户；
- 开头把用户代入进相应情境，让他们迫切想要得到这些好处；
- 中段进行说明或补充，让用户确信这些好处；
- 结尾用额外的好处进行加码或者单独进行引导。

12.3 反馈类微文案

反馈类微文案，指的是以用户使用产品的反馈信息为素材撰写的文案。

写这类微文案最大的难点在于塑造方向很容易重复，从而导致内容表达过于单调无趣。呈现在大家眼前的，往往都是"很多人在夸产品"。

先问大家一个问题：用户反馈可以用来塑造什么呢？我相信，大部分人的答案会是"塑造产品好"。这当然是一个塑造方向，但这并不是唯一的塑造方向，实际上用户反馈可以塑造很多主题，如下图所示。

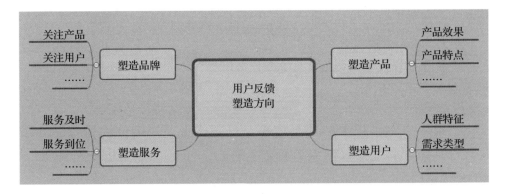

塑造用户的主要目的不外乎两种：

- 针对新用户，吸引他们购买产品。
- 针对老用户，吸引他们复购产品。

对于两种用户而言，能够吸引他们的肯定不只有"产品好"这个因素。在产品效果符合预期的前提下，相关的服务体验、品牌形象、同类人群正在使用等信息都会为产品本身提供有效的"加成"效果，提高他们对产品的认可度、接受度。从这方面来说，反馈类微文案的塑造方向根本不会受"反馈"这个词的约束。

看一个例子，我们截取一段销售者和用户的微信对话记录。

销售者：最近一直在用产品吧？
用户：忙起来也会顾不上。
销售者：嗯，连续使用效果更好。您这几天用着感觉怎么样？
用户：还行，再用用看吧。
销售者：是有什么不满意的地方吗？
用户：也不算吧，就是感觉见效挺慢。
销售者：这个呀，很多朋友一开始都有这种感觉，这也跟咱产品的特点有关系。第一个使用周期主要是×××，后面就开始×××，所以我刚才建议您尽量别中断使用。

　　用户：哦，那我尽量记着用。

　　销售者：好的呀，要是使用中有什么问题，您可以随时微信我。

　　用户：好，谢谢。

　　记录中去除了相关的产品信息，只是体现了对话的大概意思。以这段对话为素材写一段反馈类微文案的话，可以用来塑造什么？

　　表面上看，这里面并没有什么有价值的信息，用户也没有对产品做出特别明确的正面评价。实际上很多反馈信息就是这样，往往只是很简单的几句问答，或者用户遇到了什么问题来咨询一下，解决问题后沟通也就结束了。

　　下面我们先看一下怎么从这段反馈素材里提取关键信息。

　　（1）**销售者主动发起的对话，询问用户产品使用情况**。这里可以塑造服务的主动性，如果是用户发起的对话，可以塑造服务的及时性。

　　（2）**用户提到使用中断过，销售者提醒连续使用**。可以塑造服务的贴心到位，也可以塑造产品的最佳使用方式。

　　（3）**主动询问用户的产品体验**。可以塑造服务，也可以塑造品牌方对用户的关注。

　　（4）**用户对产品做出一个比较中庸的评价，销售者主动询问**。可以塑造服务的到位，也可以塑造品牌方对产品使用情况的关注。

　　（5）**用户提出疑问，销售者解答**。可以塑造产品特点，也可以引导用户坚持使用，或者塑造不同人群怎么合理使用产品。

（6）提醒用户有疑问可以随时咨询。可以塑造服务的持续性，也可以塑造品牌对用户的关注。

写反馈类微文案，其实就是在细节处做文章。用户直接夸产品好的反馈自然有很多，但更多时候需要从一些不起眼的信息里挖掘出价值。

另外，给出必要的身份特征，有利于其他用户对号入座，这方面如果完全空白，其中的人物很容易变成"路人甲"，很难让大家找到具体的参照。最好能在文案或者配图里进行相应的体现，比如：

这个小姐姐……
这个**刚毕业正在找工作**的小姐姐……

在后一种表达里，人物形象更清楚，这也是一种有效的引导。

在具体表达上，反馈类微文案要注意以下三点（见下图）。

反馈类微文案的表达		
真实中肯 坦诚相待，正向引导	口语表达 家长里短，朋友式交谈	给出结果 解决用户关心的问题

1. 真实中肯比一味夸赞更有效

没有任何一款产品能让用户百分之百满意，我相信所有人都清楚这一点。既然如此，为什么还只愿意在反馈里体现对产品的正面评价呢？清一色的好评、夸赞，能让大家产生的联想恐怕只有一个：刷的。

反馈信息的可信度一旦打了折扣，哪怕你在里面把产品夸得天花乱坠，也没有任何意义。坦承产品在某些方面的不足，体现一部分用户在使用过程中的真实不满或牢骚，比一味夸赞更有效果。

当然，这些不足之处应该是"软缺陷"，比如使用体验上的某些不足、价格上偏贵等，不能涉及产品效果以及产品质量的"硬缺陷"。

另外，强调真实并不是要"自黑"，做这种表达时有两个技巧：

（1）承认产品的某处不足，做出改进承诺，把塑造方向引导到对用户体验或者产品的关注上；

（2）承认产品某个短处的同时，用另一个长处去补偿用户。比如，产品使用中的某个环节比较复杂，需要花费较长时间，这是一个短处；这个环节可以实现某种特定的效果，最终让用户获得更好的结果，这个长处就可以让用户获得满足感。

2. 口语表达比官方说法更有效

不要在反馈类微文案里堆砌官话、空话、套话，这类微文案的背景有其特殊之处。在生活中，如果你用了一款产品后感觉不错，想推荐给身边的朋友，你会不会这么去推荐：

一线品牌的质量，亲民的价格，我已经被它征服了！

这样估计会吓到朋友吧？类似下面这种表达才是正常的：

便宜好用，我觉得不错。

3. 给出结果比夸夸其谈更有效

对于用户反馈可以有很多种塑造方向，但无论要塑造什么，都要给出一个确定的结果，这个结果一定要能解决用户关注的某个问题。看一个例子：

来自×××的张女士又拿了两个疗程的产品！
最近来抢货的人越来越多，产品好，就是这么受欢迎！

这个表达里有没有给出用户关心的结果？答案是没有。

"产品好"不是结果，"很抢手"也不是，这些都是我们自己的说法而已，都不能真正解决用户关注的问题。换一个表达：

来自×××的张女士又拿了两个疗程的产品！
×××（加一两句效果塑造或者使用体验塑造），
难怪最近抢货的越来越多，产品好，就是这么受欢迎！

用户关注的是"产品好不好"，可以证明产品好的信息，才是能解决他们问题的"结果"。

12.4 团队类微文案

一个团队，其实也是一个品牌。不管是想通过塑造推广吸引新成员加入，还是增强老成员的凝聚力，我们给大家传递的都是团队形象，也就是告诉大家这是一个什么样的团队。

完整的团队形象里，应该包含下图所示的五个方面的信息。

（1）团队特征：一个团队的标签，也是团队形象的直接体现。

对团队特征进行塑造，目的是让大家（尤其是非团队成员）对整个团队形成初步印象。介绍一个陌生人给你认识时，如果我报一遍履历，将×××来自×××、从事×××行业、取得过×××成就这些信息一股脑灌输给你，其实你很难记住，下一次单独碰到，你或许只能模模糊糊记得这个陌生人的姓名。

如果我这样给你介绍：×××，理财专家；×××，一个特风趣的人……同样是介绍陌生人，但通过这种方式介绍，对方更容易在你记忆里留下一个标签化的印象。

团队的形象也是如此，我们很难让大家直接对一个团队形成具体的印象，而给他们先留下一个标签化的印象则相对容易实现。

团队特征的确定可以从多个方面入手，团队文化方向的"专注"、工作办事方面的"高效"、能力素质方面的"专业"，以及"乐观""友爱""团结"这类团队氛围，都可以作为入手的点。另外，如果团队成员里大部分人具备相同的职业特征，也可以将这种特征作为团队特征进行塑造。

在塑造团队特征时，并不用在微文案里反复强调"我们是一个什么样的团队"，而是让大家自己去感受。**从团队场景里截取能够体现相应特征的镜头，通过对这些镜头的塑造，让其他人对团队特征产生直观感受。**

以"乐观"的团队特征为例。团队场景里能够体现"乐观"的场景有很多，比如：准备开始一天工作时的情绪状态、结束一天工作时的情绪状态、面对繁重任务时的态度、工作生活里处理难题的方式、面对失败的方式、大家追求的目标……这些都可以成为塑造团队特征的镜头。

显然，团队特征也不是一两条微文案就能确立的，我们需要对相应镜头进行持续塑造，才能让团队特征变得清晰明确。

（2）团队关系：团队成员之间相处的状态。

人以群分，团队成员之间以什么样的状态相处，往往会影响新加入者和那些准备加入者对团队的感觉。

团队关系在微文案里同样体现为标签型的印象，和团队特征不同，这方面的印象强调的是人与人之间的互动，并且可以同时有多个标签。只要是积极向上的关系状态，在团队里就没有好坏高低之分，相互谦让不见得就比竞争较劲好，严肃正式也不见得就比活泼随意差，这和团队本身属性以及想要吸引的人群有直接关系。

塑造团队关系时，**人物、事件、互动**是微文案里最重要的三个信息点。

团队里的哪些人，因为什么事情，产生了什么互动，这是微文

案要表达的核心信息。写微文案时，我们要把自己当成一个现场的参与者或者旁观者，看着这个互动场面，你想说什么或者想到了什么，把这些用文字表达出来，就是对"团队关系"的塑造。例如，七夕到了，团队伙伴们纷纷在微信群里冒泡，有秀恩爱的，有哀叹没人爱的，有趁机约饭约电影的……针对这个场景，用微文案来塑造团队关系：

> 平时就疯起来没够，碰上七夕这就开始撒欢了呗？
> 秀恩爱的那谁我就不说了，反正你早有"前科"！
> 借题开约的你们太过分了吧？说好的纯洁革命友谊呢？

> 没想到呀，一个七夕就让你们现原形啦！
> 那谁，你平时满脑子的客户业绩，今天怎么有心思做这些了？
> 还有你们几个开约的，敢情一直是装出来的一本正经呗？

对比一下两段微文案的表达，从中体现出来的团队关系并不一样。你想吸引什么样的人，他们会更喜欢待在什么样的团队氛围里，那就用相应的方式去表达你的想法。

（3）团队标杆：团队领导人以及有代表性的成员塑造。

塑造团队标杆，是在给大家一个参考，让他们清楚自己以后有可能会成为什么样的人，能取得什么样的发展。

团队标杆是对人的塑造。对于领导人，我们需要为其塑造一个完整的形象，包括性格（比如亲和力）、能力（比如带动团队成员成长的能力、专业技能）、工作状态等。

对有代表性成员的塑造，通常是抓住一个点进行集中体现，比如销售、管理、才艺、性格等。团队是一个大舞台，有相应的标杆人物，更容易让新老成员找到自己的位置。

（4）团队业绩：取得的成就以及各种荣誉称号，这是团队实力的直接体现。

对业绩的塑造是在展示实力，但是这不应该是一种"独立"信息。比如，一个销售团队上半年完成了多少销售额，成为公司里的冠军团队。单独告诉大家一个"冠军团队"的信息，对于团队形象的塑造并没有多大意义：

上半年完成销售额××××，成为公司冠军团队！
感恩所有伙伴，有了这么牛的你们，才有这么牛的我们！

类似这样的业绩塑造方法很难在团队形象的确立上产生实质性帮助，看到这段文案，更像是看到一条新闻：

在全体员工的共同努力下，××公司上半年完成×××销售额，实现了利润……

如果你是阅读者，这样一条"新闻"会在你脑海里留下什么印象吗？

塑造团队业绩时，不是宣告某项成绩或者某个称号，而是要讲述业绩背后的故事。 比如为了实现这个业绩团队付出了哪些努力、克服了哪些困难，或者哪个人在其中起到了什么关键作用。

要让大家看到的信息是：**一群什么样的人，经历了什么，做到了什么。** 这才是团队业绩的有效塑造方式。

（5）团队成员：尽量体现更多普通成员在团队里的存在感。

让每个成员找到自己在团队里的存在感，这是我们进行团队关系塑造的目的。在其他团队关系塑造方式里，成员是集体出场，在这个话题里则是每个人的单独表演。比如，一个新成员刚加入团队，用一段微文案对他进行介绍并表示欢迎；一个成员为了某个目标加入团队；一个成员在团队里取得了成长进步、实现了某个目标、生活发生了某方面的改变……这些都可以成为塑造某个成员的镜头。

把五个方面的内容串起来，团队塑造展示给大家的信息就会是：**一群什么样的人，以什么方式相处在一起，大家做了什么事情，获得了什么结果，如果加入这个团队，你能得到什么，未来会怎样。**

12.5 生活类微文案

比起品牌、产品、团队，我们无疑更熟悉自己的生活。但是我发现一个奇怪的现象，对于原本应该很熟悉的生活，很多人在写微文案时却显得极为陌生，不知道怎么写。最常见的表现有两种。

（1）**不知道能写什么**。生活里发生的事情都太普通了，自己经历的别人也会有相似经历，别人身边发生的自己也不觉得有多新鲜。或者每天都是差不多的生活，三点一线的场景自己都觉得很单调，更不用说把它们写下来了。

（2）**不知道该怎么写**。晒几张美食图片，说说今天吃了什么；晒几张衣服、化妆品图片，说说今天买了什么、用了什么；或者聊一下今天做了什么、见了谁、心情怎么样……就这么表达有什么用？怎么表达会更有用？这也是让很多人纠结的问题。

要解决上面这两个问题，我们应该先搞清楚一点：**为什么要塑造自己的生活？**

不管你是否在经营产品、经营什么类型的产品，也不管你是因为什么而做推广宣传，只要你不是一时兴起，只要你想得到长期且持续的效果，那么对个人生活的塑造都是**制造熟悉感、建立信任感的第一基础。**

前面的章节里我们提到过，现在已经不是"产品为王"的时代，比"产品"更重要的是"人"。微文案要实现的推广效果是建立人与人之间的信任关系，而不仅是人和产品之间的供需关系。

一条微文案发布出去，就相当于你在对着很多陌生人进行表达。怎么能让更多人愿意听你说什么，甚至相信你所说的？你们之间的熟悉度、信任度越高，获得的效果越好。

听起来有些矛盾，既然是陌生人又怎么会有熟悉感、信任度？其实很好理解，如果陌生人之间有了共同点或者共同语言，就有了产生熟悉感和信任度的基础。

那什么是最容易找到的共同点？不是你有什么产品而他恰好又需要什么产品，而是你们在生活上的共同点。就像本节开头所说，大部分人的生活都是相似的，而人们又对自己的生活最为熟悉，即便是陌生人之间，也很容易从彼此的生活场景里看到熟悉的影子。

塑造生活的目的：**通过微文案，给大家展示一个生活中真实的自己，让人们从你的生活里看到自己熟悉或者喜欢的影子，发现共同点，产生共鸣，从陌生到熟悉，并基于熟悉建立信任。**

目的明确后，我们再来看一下"写什么"以及"怎么写"的问题。

每个人的生活都是多面的，和朋友相处时你可能是幽默风趣的，监督孩子学习时你可能是严厉苛刻的，对于吃喝你可能很随性，居家的一些小细节你却有可能很讲究……

既然要向大家展示一个真实的自己，那就不妨让他们了解你的每一面：吃饭、穿衣、购物、出游、家庭聚会、和孩子相处、夫妻相处、做家务、访友、独处、阅读、看电视……生活里有无数个镜头可供我们选择。

当然，如果只是单纯地把这些镜头晒出来，那么得到的效果并不理想，时间长了确实会显得乏味、单调。在微文案的表达上，如何让大家从生活镜头里更深入了解你这个人就显得尤为关键。

看一个例子。周末做家务，把家里都收拾了一遍，洗衣服、归置杂物、厨房清洁、打理花花草草……针对这个镜头，我们写几组微文案。

A：
难得有个周末，最后还是奉献给了伟大的家务事业。
瞧瞧四个小时的战果吧，有没有点搬进新家的感觉？
话说，我这每周一次的强迫症，不算喜新厌旧吧？

B：
浇浇水，擦擦叶子，再给它们都挪挪位置。
每一盆风景，你对它有多用心，它就能多美丽。

C：
其实也蛮想出去逛个街啥的，瞅瞅这一堆事儿还是算了吧。
孩子的衣服得洗，老公的书房也得收拾下，还有厨房，不弄得干干净净做饭都感觉别扭……
一下午就这么忙活着过去了，我这劳碌命哟！

对比一下，三个表达里的主人公是不是三个不同的人？或者说是主人公有三种不同的生活？

用微文案塑造生活，生活里一个个镜头都是素材，但同时也只是背景，比起镜头本身，你的生活态度才是真正的塑造中心，借助它更容易筛选出那些和你有共同语言的人。

12.6 互动类微文案

互动类微文案追求的效果是在发布者和阅读者之间**产生信息交流**，它的作用既可以是为产品的推广销售服务，也可以是吸引关注、增加粉丝。

在微信朋友圈里，经常能看到如下两种互动微文案。

（1）**有奖点赞评论**。比如给第多少个点赞或评论的朋友发红包、送小礼品。

（2）**各种测试题目**。比如爱情测试、性格测试等。

这种互动有没有效果？不可否认，肯定能吸引到一部分人参与，但是在持续性和有效性上都有所不足。

（1）持续性。这类内容引起的互动难保持较长时间，话题过了也就过了，测试类题目可能有一定的持续性，红包礼品类的点赞和评论基本只在当时有效。另外，持续输出内容的难度也比较大，我们不太可能连续做有奖互动，也很难找到那么多有趣的测试题目。

（2）有效性。产生直接交流并不是互动的最终目的，让被激活的人保持"活性"、把吸引过来的人留下才是最终目的。如果我们与用户互动一次他们就"动一下",却不会对我们保持持续的关注,这样的互动是没有意义的。

关于如何写好互动类微文案,或者说如何让互动类微文案产生更好的效果,我们问问自己就能找到答案:**看到什么信息我愿意参与互动**?

感兴趣,这是一个正确而笼统的答案,我们可以将其分成三个层次(见下图),这三个层次对应着互动效果很好的三种信息类型。

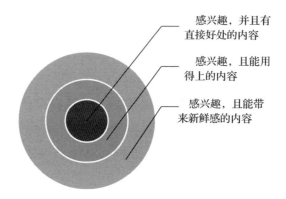

兴趣是基础,越靠近这个中心的内容,互动效果越好,在持续性以及有效性的表现上也更为突出。

下面通过一个例子看看三种不同类型的信息。

话题设定:针对带娃的宝妈,用与宝宝有关的话题来做互动,比如宝宝使用学步车学走路。

A 信息:自家宝宝在学步车上的萌态。

B 信息:宝宝学走路,用学步车到底好不好?

C 信息：学步车怎么使用才能够避免对宝宝身体产生不良影响？

比较一下这三组信息，对于互动者来说，其参与的是三种不同类型的话题：

A：围观一件有意思的新鲜事。
B：参与一个和自己有直接关系的话题。
C：得到一些对自己有直接帮助的经验。

从互动积极性上来看，有好处、有关系、有意思，对应的效果依次降低。换句话说，对参与者越有用的话题，他们参与的积极性越高。

前面我们说到红包礼品互动，其提供的好处是最直接有效的，只不过这种形式很难持续做下去，互动者也对其缺乏足够的黏性。比较起来，提供具有一定输出价值的互动话题是更好的选择。

如果你在经营产品，那么与产品使用场景、产品效果、价值相关的话题都可以作为备选项。例如，我经营的是厨房用具，那么家居布置、厨房清洁、家常美食这些话题都可以拿来做互动。如果你不是产品经营者，从自己擅长、喜欢的领域里找互动话题是个不错的选择，比如我特别喜欢旅游，风景、交通、拍照、美食这些话题就可以用来做互动。

互动类微文案在表达上不需要什么特别的技巧，写出聊天的感觉是最重要的。

看一个例子，以宝宝用学步车为话题写一段互动微文案。

A：
二宝有了"新伙伴"，

不过瞧着不怎么合拍呀？

话说，你们家宝宝用学步车也这么张牙舞爪吗？

B：

瞧瞧这几步走的，有模有样吧？

这学步车看起来还不错，宝宝进去也不会到处乱爬了。

不过总听人说会影响发育啥的，我还真有点小忐忑，懂行的姐妹们给支个招呗。

C：

我来炫一下二宝在学步车上的英姿。

买了挺长时间了，之前一直不太敢用。

现在总算搞明白了，用不对还真有坏处，用对了那就是好处多多哟！

已经入手的、准备入手的姐妹们甭客气，有啥疑问尽管发过来。

这三段微文案，对应三种不同类型的互动话题，最后那种是有输出价值的互动，在持续性和有效性上都有最好的表现。当然，三种类型的互动配合使用也是不错的选择，前提是一定要选择大家感兴趣的话题，这是互动的基础。

12.7　早晚安类微文案

如果说哪种类型的微文案风格最统一，那大概就是早晚安类微文案了，几乎所有人都在泼洒着各种口味的"鸡汤"。

励志语录自然是个不错的方向，毕竟正能量大家都喜欢，但是除了这个，早晚安其实还有很多种不同的表达方式。

说起来，早晚安的问候本质上就是一种互动，是大家互相打招呼的一种方式。和前面讲过的互动话题有所不同，它并没有那么强的目的性，更像是朋友之间的"家常闲话"。我们不妨想一下，在现实生活中，有哪些话题是打招呼时经常用的？

早啊！

吃了吗？

今天天气不错。

忙一天了，走吧。

你穿这身真精神！

早点睡吧……

不难发现，我们开口时往往都是一些没有特殊意义的"闲话"，不可能一张口就用什么大道理、正能量来打招呼。励志的鸡汤类语录更适合作为早晚安里的调剂品，穿插着发布几条，效果会很好，但若每天都发，就未免有些不接地气了。

对于早晚安类微文案，把"家常闲话"作为主要内容更合适。在内容选材上，下面这些话题都可以加工成早晚安类的问候：天气、早晚餐、穿着打扮、个人心情、当天计划、当天总结、幽默段子、出行见闻……具体示意如下图所示。

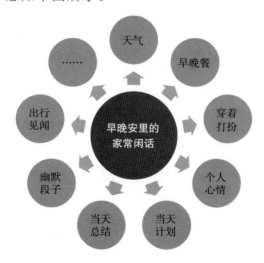

虽说是"闲话",但以微文案的形式发布出来,就应该对我们的个人形象有"加分"效果,比如体现性格里的某个特征或者塑造出某种生活态度。

以"天气"这个话题为例,看看"家常闲话"的早晚安类微文案具体要怎么写。比如今天下雨了,就以这个"闲话"来写一段早安语和晚安语。

早安语:

这场雨来得正是时候,估计是我天天早起的劲头把老天都感动哭了。
小伙伴们加油吧,早起的每一天都算数哟!

晚安语:

活儿干完了,剧也追到头了,老天也知情知趣地下起了小雨。
这一准儿在提醒大伙:是时候了,洗洗睡吧。
上面是偏风趣调侃的表达方式,也可以有其他风格的表达,比如下面这些。

早安语:

在一个落雨的早晨,打着一把紫色的雨伞,去赶一班不迟到的公交车。
再忙碌的日子,也能活出诗意。

晚安语:

听着窗外的雨声入睡,一天的忙碌也消散在了雨里。
晚安,我的 2020 年 8 月 17 日。

这就是偏文艺的表达方式了。

虽然表达风格不同，但是这些表达方式有一个共同特征：**都有我自己的影子在里面**。

也就是说，在早晚安类微文案里，你的所思、所见、所感、所想是最重要的信息。以你自己的真实感想去和大家打招呼，这是更为真实自然的表达方式。把励志语录拿来做早晚安类微文案的最大问题其实也是这个，即里面缺少了你自己的影子，导致内容显得特别"空"，少了一些真实的感觉。比如下面这句话：

生活不可能像你想象的那么好，但也不会像你想象的那么糟。

如果就这么发出去，虽然看起来很有道理，也很有正能量，但因为少了亲近感，反而会让人觉得你有些高高在上。

这时候，我们可以在前面嫁接上一两句和自己有关的内容，把这句语录变成你因为某些细节或者事情产生的感想，这可以有效消除距离感。比如我们用这句话改一段早安语：

想到还有一堆工作没完成，去上班的劲头都不足了。
不过马上就周末了，还是很值得期待嘛！
生活不可能像你想象的那么好，但也不会像你想象的那么糟。

这样一来，是不是更接地气了？如果你经常"搬运"各种励志语录作为早晚安类微文案，不妨也试着去改造一下。

12.8 节日类微文案

从目的上来说，节日类微文案主要有两种类型：单纯的**节日祝福**和借助节日背景进行**产品推广**。

祝福类微文案采用"自由"表达方式就可以，不需要刻意塑造什么。本节主要讨论节日借势文案的具体写法，先来看一下这类微文案的写作思路。

第一步：每一个节日都有其独特的背景，这种背景又会体现为特定的情感寄托，比如中秋节的团圆思乡、七夕节的爱情、清明节的悼念、除夕的辞旧迎新、母亲节的母爱、父亲节的父爱……首先可以确定，这些特定的情感也是节日类微文案的情感基调。

第二步：确定了情感基调后，我们就能找到这种情感所联系的人物关系，比如"母爱"对应的母子或母女、"思乡"对应的游子和家人。

第三步：不管我们的推广对象是产品还是品牌，都需要从它的属性（比如效果、卖点、适用人群、理念、名称等）里提炼出一个能和情感基调自然结合的点，也就是找到一个能和节日对上号的属性。

比如华为荣耀有一条父亲节文案是这样的：

爸爸总说，我是他一辈子的骄傲，其实我想说，你也是我一辈子的荣耀。

这里把产品系列的名称和父子间的情感结合起来，这也是写此类微文案时最难实现的一个环节，后面的案例中会对这个环节做详细拆解。

第四步：以提炼出来的产品属性为背景，描述人物之间的情感，这样形成的表达就是一条有效的节日借势文案。

需要注意的是，通常不建议在这类微文案里过度体现产品信息，这会冲淡节日的主题,把产品信息以背景的形式做软植入往往效果更好。

来看一下整个写作流程,如下图所示。

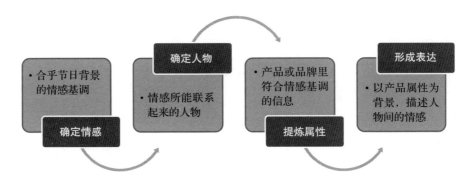

接下来我们看一个具体案例。

节日设定:中秋节。
产品设定:某乳鸽食品。
推广目的:借助中秋节日主题进行产品推广。

第一步:确定情感基调。

中秋是一个团圆的日子,我们就以**"团圆"**作为情感基调。

第二步:确定人物。

团圆的场景有很多,其中出场最多的人物就是节日归家的那群人。他们往往因为种种原因常年在外,只有在这种大节日才有机会回家一趟,我们可以把这群**"游子"**确定为文案里的主要人物。

第三步:提炼相关的产品属性。

我们要找的是和"团圆"能拉上关系的信息，从品牌以及产品的角度来说，有四个具体的方法是可以优先考虑的，如下图所示。

（1）从字词谐音上找。

比如品牌、产品名称里有"团圆"或者和它谐音的关键字词，那就可以直接成为一个植入的点。就像前面提到的华为荣耀，把"荣耀"这个关键词作为一个植入点。

（2）从效果卖点理念上找。

比如乳鸽食品的一个特点是"美味"，全家团圆时肯定少不了一桌团圆饭，那么"给团员饭桌上加一道美味"就可以成为一个相关的植入点。

再比如，品牌理念是"让千家万户吃到健康食品"，我们也可以从团圆饭的角度，把"健康"植入。

（3）从相同人群特征上找。

比如乳鸽富含多种营养成分，孩子吃了有好处。一家团圆时也会有孩子出场，那我们就可以从"孩子"这个点切入。

同样，乳鸽肉质柔软，很容易嚼，特别适合老人吃，"老人"也能够成为一个合适的切入角度。

（4）从形象特征上找。

这个难度相对较高，但我建议大家尽量选用这个方法，因为通过这种方法设计出的联系会显得更为自然。

这里需要我们发挥天马行空的联想，比如寻找"鸽子"和"团圆"之间的自然联系。

从鸽子出发，我们能想到飞翔、洁白的羽毛、和平的象征、认路……

从团圆出发，我们能想到假期、回家、吃饭、相聚……

我们对两组关键词进行配对就会发现，鸽子的"认路"和团圆的"回家"可以很自然地联系到一起，那么从**"认路"**这个点植入产品信息就是可行的。

第四步：形成文案表达。

我们就以上面确定的"认路"这个点为例。这段文案的"命题要求"就是：以鸽子认路为背景，描述中秋节游子归家团圆的情感。

那我们文案表达就可以是：哪怕"飞"得再远，我们也忘不了回家的路。

也可以是：**家乡再远，今天我们也知道该"飞"向哪里。**

或者是：**家，是我们"飞"出来的地方；今天，是我们"飞"回去的日子。**

到这里，八种常见微文案的写法就讲完了。实际应用中，肯定不止这八种，虽说场景会有所不同，但是文案的表达思路不会有太大区别。

这一章讲到的微文案都是单条形式的，后两章会给大家分享两种一组多条的微文案写作模式。

第13章 连续剧微文案，故事化情节持续吸引

前面章节里讲到的微文案都是单条形式的。很多时候，我们无法用一条微文案把某个对象塑造完整，或把某一件事情讲完。比如，一件产品有多个属性或者多个卖点、一个成长故事包含很多内容……

其实，除了单条形式之外，也可以用一组多条的微文案模式来呈现内容。本章就来了解一下一种一组多条的微文案模式——连续剧微文案。

13.1 什么是连续剧微文案

连续、有故事情节、针对某个对象（包含但不限于品牌、团队、产品、个人）进行持续塑造的多条微文案叫作连续剧微文案。

连续剧大家肯定都不陌生，即便是以微文案的形式呈现，它的两个核心特征也不会改变：**故事性和连续性**。

1. 故事性

故事性是连续剧微文案的"灵魂"。一组微文案，如果在表达上缺乏故事性，那就算以连续剧的方式呈现出来，也只不过徒有其表，并不能实现持续吸引。

那怎么判断写出来的微文案有没有故事性呢？来看一个对比案例。

A：

这个小姐姐使用了某减肥产品，一个月的时间，成功从一个136斤的胖妞变成了一个102斤的瘦美人！

B：

这个小姐姐因为太胖，在闺蜜圈里备受冷落，有一次聚会……于是她决心减肥，中间吃了很多苦，有几次差点就要放弃了，可是想到……她还是咬着牙坚持了下来。一个月的时间，她终于从136斤减到了102斤。脱胎换骨的小姐姐再次出现在闺蜜聚会上时……

A表达传递的就是一条信息，阅读者能看到的就是"她减肥成功"；B表达传递的则是"她减肥成功"背后的事情，阅读者能体会到她减肥之前的尴尬、减肥过程中的坚持、减肥成功后的改变。

判断微文案有故事性的关键标准是，**故事是有意义的**，阅读者能从中领悟到某些道理或者产生情感上的共鸣。

2. 连续性

连续性是指故事情节的连续。不妨回忆一下追剧时的感觉：一部电视剧你看到第十集，因为有事情，没看到第十一和第十二集，再看的时候已经到第十三集了，这时你是不是会有接不上茬的感觉？这就是连续性出现了问题，整个故事变得不完整了。

这里要说明一点，**我们强调连续剧微文案的连续性，但并不是说，就要按照时间顺序把发生的事情或者情节依次写出来**。以前面的减肥故事为例。如果完全按照时间顺序来安排情节：

肥胖带来尴尬→下决心减肥→遇到困难→产生动摇→克服困难坚持下来→减肥成功→以新面貌出现

这样的安排自然没问题，那如果打乱次序呢？咱们再看一下：

减肥遇到困难→产生动摇→回想起当初因为肥胖陷入尴尬→克服困难坚持下来→减肥成功→以新面貌出现

虽然把一个前面发生的情节放到了后面，但是完全没有影响故事的连续性。实际上，合理使用插叙、倒叙，反而有助于提高情节的吸引力。

连续剧微文案有什么优势？

首先，充满故事性的表达**更容易被接受**，不会像硬广告那样让人反感。

其次，丰富的情节很容易安排各种**悬念和冲突**，这可以激发阅读者的**好奇心**。

最后，与电视连续剧类似，具备很强的**持续吸引力**。

对连续剧微文案进行总结，如下图所示。

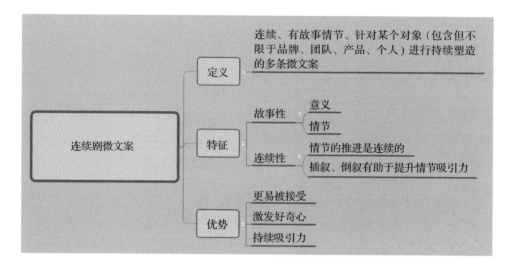

13.2 连续剧微文案的应用场景

只要素材本身的信息量足够大,大部分微文案可以用连续剧的模式来呈现。

按照品牌、产品、团队、个人这四个大类来划分,下图所示内容都很适合用连续剧的模式来策划微文案。

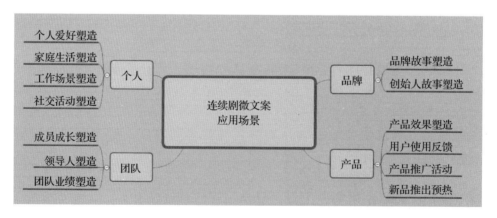

上面列出的是较为典型的应用场景,下面针对一些细节稍加说明。

（1）用户使用反馈，通常是以某个用户为主角，塑造其使用产品前后的改变。

（2）产品推广活动，连续剧微文案非常适合用来塑造"主题型"的活动，比如节日主题的活动、针对特定人群推出的活动，至于各种优惠活动和福利活动，则并不适合用这种模式呈现。

（3）新品推出预热，通常是把新品作为"主人公"，用故事的方式塑造新品的"诞生"过程。

（4）个人爱好、家庭生活、工作场景，通常是讲述一个时间段内的故事，围绕这个阶段的目标来设计情节。比如我最近每天晚上都在监督孩子练字，准备**用一个月的时间改变他"张牙舞爪"的写字方式**，这个小目标就可以是一组连续剧微文案的情节中心。

13.3 连续剧微文案实战

一组连续剧微文案的策划，主要由**故事设计、情节安排、标题拟定**三部分组成。策划流程如下图所示。

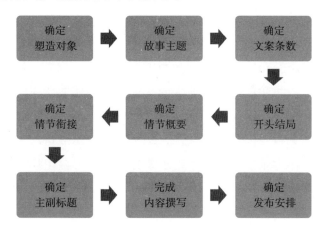

下面以产品效果塑造的连续剧微文案为例，对每个步骤进行详细说明。

1. 确定塑造对象

塑造对象是指准备塑造的某种产品效果，但是在微文案里，我们通常以产品形象来替代具体的产品效果。

例如，准备塑造 A 保健品的效果——消除疲劳，在文案里我们只会提到"A"，但是"消除疲劳"这个产品效果才是我们的塑造对象，所以我们要以这一点为中心去设计故事情节。

2. 确定故事主题

前面我们说过，故事要**有意义**，而我们要确定的主题就是故事的意义。比如准备写一个普通上班族利用业余时间兼职创业成功的故事，它的主题可以是**"普通人的逆袭"**，也可以是**"为梦想而奋斗"**。

主题相当于一个故事的中心，确定主题时，应先从故事"主角"（产品使用者或购买者）出发，再从他的改变、情感、社交、家庭、生活等多个方面寻找合适的主题。寻找主题时要注意一个重要原则：**要正能量，不要负能量**。例如，前面举例的 A 保健品。

如果产品使用者是一个四十岁左右的职场男性，我们可以把"职场第二春"作为主题，写一个产品帮助他提高工作效率，让他在职场中再进一步的故事。

如果产品购买者是一个中年女性，她购买产品是准备让丈夫使用，那我们可以把"爱"作为主题，写一个妻子关爱丈夫、夫妻和睦的故事。

3. 确定文案条数

一组连续剧微文案通常包含 3～8 条单条文案。

- 3 条是下限，这个数量的单条文案还可以在情节里安排一个转折，再少的话故事情节就无法展开了。
- 4～6 条是较为合适的范围，既能保证情节的展开，也能保证故事的紧凑感。
- 7～8 条已经算是长篇了，至少需要两个转折才能保证故事紧凑。

不建议尝试 8 条以上的篇幅，很容易造成拖沓。

4. 确定开头结局

虽说是"连续剧"，但微文案毕竟是篇幅极短的表达，我们需要在几百字的故事里让悬念和冲突集中爆发，最关键的两个环节就是开头和结局。开头要有足够的悬念感，结局则要与开头相呼应，并能够让阅读者感到满足。

以前面说的"职场第二春"为例。

开头设计为：人到四十，明显感觉到精力不济，工作中时常出现疏漏……

结局设计为：两个月后，整个人像是年轻了七八岁，精力充沛，工作上游刃有余……

这样的开头和结局就是完全不合格的，不管中间的情节如何安排，仅看开头，大部分人就会感觉这是一个乏味的故事。

冲突不强、悬念感不足，必然缺乏吸引力。 下面我们换一种设计。

开头：主角接到通知，下一批**裁员**名单里有他，而他家里现在正因为一些事情**特别需要用钱**……

结局：两个月后，主角高效出色地完成了一单本来要失败的业务，不仅**成功留职**，职位和待遇也提高了很多……

比较一下，这样的开头和结局是不是更有故事性？

5. 确定情节概要

情节概要应根据微文案的条数来确定，比如一组文案我们打算写 5 条，那就意味着需要写出 5 段情节，此时应用关键词的形式确定每段情节的概要，其中包括已经有了情节设计的开头和结局。这些情节概要通常可以作为我们拟定"副标题"的参考。例如，打算用 5 条来写前面的职场故事，开头和结局的情节概要可以分别是**遭遇危机和成功反转**。

中间还需要有 3 段情节，这时我们无须想出完整的情节怎么表达，只需在中间穿插转折并进行相应的过渡。如果是流水情节，惯常思路是：

遇到了危机→想办法解决危机→找到了好办法→顺利解决危机→成功反转。

很显然，这样的情节是一条直线向上的，没有起伏，我们可以在中间某个节点上设计转折，比如办法没想出来或者以为找到了好办法，结果却没用。现在，这个故事的情节概要就可以是：

遭遇危机→寻找出路→雪上加霜→最后一搏→成功反转

其中的"雪上加霜"就是一个转折。

6. 确定情节衔接

对于各条微文案之间的衔接，并不是说只要故事情节是连续的就够了，还要让大家看完第一条就想看第二条，这是最重要的。

要实现这一点，就要在情节衔接上做好一个动作：**留尾巴**。

在上一条微文案的结尾，要留下一条"尾巴"，这条"尾巴"能提示一点后续的情节，但又不至于"剧透"。例如职场故事的第一条和第二条的衔接，第二条的情节是"寻找出路"，如果在第一条的结尾我们就说"准备去寻找出路"，然后第二条接着描述寻找出路的过程，这样写连续性没有问题，但衔接得并不好。实际上，完全可以在第一条的结尾用类似这样的表达：

"看来，明天只能去那里看看了。"

告诉大家明天他准备去做一件事情，有可能会解决目前的问题，至于具体是什么事情，下一条微文案才会"公布答案"，这就是衔接时的好"尾巴"。

7. 确定主副标题

连续剧微文案的标题格式：**主标题 + 分隔符 + 副标题**。

主标题根据故事主题确定，比如"职场第二春"这个主题，我们可以把主标题定为"四十岁的绝境重生"。

副标题是对分段情节的直接体现，参照情节概要来拟定即可。偷懒的做法是直接用数字编号01、02等作为副标题，不过建议大家尽量用文字。

分隔符的作用是把主副标题间隔开，因为连在一起容易造成歧义。常用的分隔符有竖杠（｜）、横杠（—）、点（·）。不要使用图形符号做分隔符，因为这样容易分散注意力；也尽量不要用自动下载的特殊符号来分隔，因为阅读者那里很可能不支持此种格式，从而导致显示为乱码。

例如，职场故事第一条的完整标题可以是"**四十岁的绝境重生｜天降危机**"。

8. 完成内容撰写

确定了情节概要以及情节衔接后，实际上需要我们填充的内容已经不多了，因为每一条微文案的开头和结尾都是比较确定的（上一条结尾留尾巴，下一条开头接尾巴），把中间的主体内容表达清楚即可。

9. 确定发布安排

发布连续剧微文案时，一股脑儿把内容全发出来肯定不行，要有一定的间隔时间。

3~4条的篇幅可以在一天内发完，每两条之间间隔3~4小时。

5条以上的篇幅可以安排2~3天完成发布。

说完连续剧微文案的策划，估计很多朋友会有个疑问：怎么从头到尾没有说产品呢？

用这种模式做产品推广时，更合适的方式是软植入，在故事的某几个情节里，产品"露一下面"即可。就好比某品牌电脑要在一部电影里做广告宣传，显然不会中间把剧情暂停，专门做上3分钟的广告。更常见的方式是镜头扫过办公桌时，桌面上摆着一台电脑，品牌

LOGO 清晰地呈现在观众面前。

连续剧微文案也是这样。如果你告诉大家你要开始讲故事了，有兴趣听下去的人不少。而如果你告诉大家你要开始打广告了，还有多少人愿意听下去？

在一组连续剧微文案的情节里，通常产品出场两到三次就足够了。以出场两次来说，第一次是铺垫，第二次是加深印象。

还是以职场故事为例。

第四条"最后一搏"的情节里，提一下"为了保持精力充沛，连以前不相信的保健品也准备用起来"。不需要提到具体产品，这是第一次出场，是铺垫。

第五条"成功反转"的情节里，最后可以让主角"拉开抽屉，看着陪了自己两个月的 A"。这是第二次出场，目的是加深印象。

有这两次出场，已经足够让看文案的人清楚你在塑造什么了。

连续剧微文案对于很多素材或者场景并不适用，因为它们所包含的信息缺乏故事性，往往也不是在一个特定时间段内连续发生的一系列事件。比如在一场招商活动的现场，会有很多事情在同时进行，要把这些事情都用微文案展示出来，那连续剧的模式就不适用了。下一章将给大家分享一种适合此类场景的微文案呈现模式——系列式微文案。

第14章 CHAPTER

系列式微文案，多角度扩散影响力

有些素材，如果写成单条的微文案会很"浪费"，但是又不适合做成连续剧微文案。比如你经营一款产品一段时间后，一定会积累不少客户反馈素材：A女士说体验如何，B先生说感觉如何……

要是单条发，那大概就是今天写一条"A女士夸产品好"，明天写一条"B先生夸产品好"。虽然里面的人物不同，但是在阅读者的眼里，我们就是在不停地"重复"相同的内容，这样的微文案就算发布10条，给大家的印象往往也只会是"又来了"。这是对素材资源的浪费，10条微文案不但没能通过叠加产生10条的影响力，甚至还削弱了单条文案的影响力。

显然，这样的素材并不适合用连续剧的方式呈现。那么我们要如何使用此类素材，通过微文案将它们的影响力最大化呢？这就是本章的主题——系列式微文案。

14.1 什么是系列式微文案

针对某个塑造对象，以某个塑造点为中心，用多条微文案分别展示此对象包含的多个个体或者某个个体的多个角度，这种呈现方式称为系列式微文案。

看一个小例子，来直观认识系列式微文案。

《舌尖上的中国》这档节目相信很多人看过，其节目主题是全国各地的美食，这就好比系列式微文案的塑造对象；节目通过探访各地美食，让大家深入了解我国源远流长的食文化，这就好比系列式微文案的塑造中心；节目有很多集，介绍了多种美食，这就好比系列式微文案里的多个个体；如果针对某一种美食单独做了 3 集，分别讲述该美食的由来、食材和制作，这就成了一个"小系列"，它就好比系列式微文案里某个个体的多个角度。

系列式微文案的主要特征有三个。

（1）**并列式结构**。在这种模式的一组微文案中，各条微文案之间并没有前后的情节关联，它们既可以是同时发生的事情，也可以是分散在一个很长时间段里的事情，它们是并列存在的。

（2）**多角度展示**。你可以把一组系列式微文案想象成一本"个人相册"，里面放的都是同一个人的照片，但每张照片里的人摆的不同的姿势，或者照片有不同的背景等，观看的人可以从多个角度看到人物的美。

（3）中心唯一。虽然并列式的结构决定了各条微文案之间没有情节上的连续性，但这绝不是说每条微文案都可以"自说自话"。无论一组系列式微文案里有多少条单条的微文案，选取了多少个角度，这些单条微文案都必须有一个共同的也是唯一的中心——这组系列式微文案的塑造中心。这就好比相册里面的照片再多，它们也都是为了体现人物的美。再比如用一组系列式微文案塑造一场招商活动，如果确定了塑造中心是"创业机会"，那么其中每一条微文案都要体现"机会"这个主题。

了解完系列式微文案的概念和特征后，我们再来看一下这种呈现模式的优势。

（1）信息覆盖面广。单条微文案通常需要有很强的针对性，比如塑造产品的某一个效果点，或者针对某个特定的人群做推广。而对于系列式微文案，我们既可以在某一个效果点上针对不同人群做成一个小系列，也可以针对某个人群把多个效果点做成一个小系列，从而实现更广的信息覆盖面。

（2）利于深化塑造。在系列式的微文案里，我们可以针对某一个点"翻来覆去"地进行塑造，从而持续加深阅读者对这个点的印象。当然，这并不是说要不断重复，而是可以切换不同的角度。例如要塑造"头发发质好"，我们可以从色泽、粗细、长度、清爽度等多个角度进行深化塑造。这些内容如果放在一条微文案里，会显得非常"拥挤"，也很容易造成阅读者注意力分散。

（3）内容调整方便。就算一组系列式微文案已经发布，只要你发现漏掉了一个塑造角度，就可以在这个系列里再增加一个单条微文案。或者系列式微文案结束后又有新的素材补充进来，也可以在原系列的基础上扩充一定条数的微文案。

对系列式微文案进行总结，如下图所示。

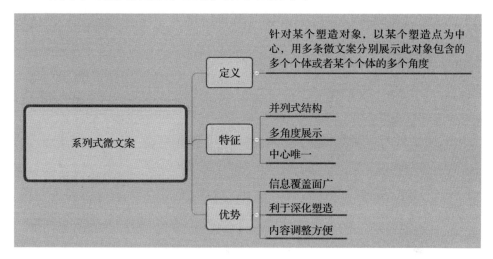

14.2 系列式微文案的应用场景

我们仍然从品牌、产品、团队、个人四个角度来介绍系列式微文案的呈现方式，如下图所示。

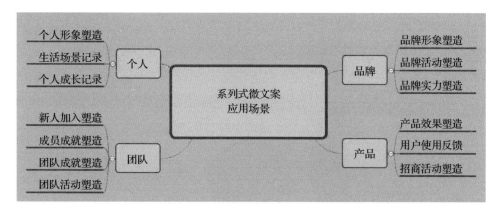

对品牌或产品的活动进行系列式塑造时，既可以把整个活动分成多个板块，每个板块分别对应一条微文案，多条微文案共同组成一个系列；也可以单独把一个板块拿出来，用系列式微文案塑造其中的多

个细节。比如针对一场招商活动，活动筹备、活动规模、活动安排、参与嘉宾、活动现场、活动后续等都可以视为活动中的板块。其中很多板块的内容是无法用一条微文案完整表达的，这时可以在整个大系列之下，把某一个板块再分为多个子系列。

对形象、成就、实力等进行系列式塑造，呈现出来就是一种"巡礼"展示，将不同时间、不同场景、不同角度下的多个"镜头"展现给大家。

至于个人方面的内容，可以简单理解为类似"日记"的表达方式。比如很多人习惯于在朋友圈里发"日精进"的主题，内容是今天做了什么事情、有什么收获，或者有什么目标之类的。从形式上来说，这也是系列式微文案的一种。

14.3 系列式微文案实战

策划系列式微文案不需要花费心思去设计情节，主要工作为下图所示的四部分。

1. 主题设计

系列式微文案的主题是这个系列中所有文案唯一的表达中心。以《舌尖上的中国》为例，这档系列纪录片的中心是弘扬中华民族源远流长的食文化，而"探访各地美食"则是内容主题。

塑造中心决定内容主题，合乎主题的内容体现塑造中心。

对于大部分活动来说，其主题通常是由活动策划者确定而不是由写文案的人来定。如果我们通过系列式微文案进行活动推广，活动主题就是微文案的塑造中心以及内容主题，我们要做的是从活动信息里找到合适的角度进行塑造。

至于一些"个性化"的内容，往往需要我们自己来设定主题。比如前面所说的"日精进"，**"个人成长"**是这个系列的**塑造中心**，**"记录自己每天的进步"**是具体的**内容主题**。

系列式微文案的主题并不需要摆出来给大家看，它只是给我们一个选取内容以及设计角度的方向，不需要在这个环节上花费很多心思，更不需要想着怎么把它描述得足够华丽、高端大气。

例如，要塑造**口碑好**这个中心，各种**好的使用体验**可以作为主题；而要塑造**受众广**这个中心，**不同人群的使用经历**可以作为主题。

2. 角度设计

有些内容本身就是多角度的（比如前面提到的在一场活动里分出多个板块），通常不需要进行特意的角度设计。但也有很多内容只有一个独立的塑造点，要通过系列式模式去塑造，这时就需要我们从一个点拆分出多个角度。

例如，要塑造一个人"好学"，如果准备写一组 5 条的系列式微文案，5 个塑造角度怎么设计呢？最容易想到的大概就是分别塑造 5 个不同的学习对象，比如学烘焙、学茶艺、学插花、学拍照等。这种方式胜在简单，不过弊端也很明显，条数一多，会显得特别单调，"好学"很容易变成"滥学"，这就背离我们的推广方向了。

在这里，给大家分享一种稍微复杂的角度设计方法——**层次 + 场景的组合角度设计方法**，如下图所示。

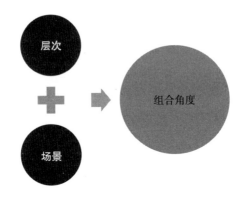

（1）**层次**。绝大多数塑造点，即便本身并没有层次的概念，我们也可以将其划分为不同的层次。划分标准很简单——初级、中级、高级，也就是从难易度或者专业度上划分。

例如，"好学"可分成三个层次：

- 喜欢接触新东西（学）；
- 喜欢在生活或者工作中验证使用接触到的新东西（用）；
- 喜欢把实战经验分享给别人（教）。

（2）**场景**。每个层次都可以找到很多对应的场景。

例如,"好学"的三个层次分别对应如下场景。

- 学:看书学习、去培训机构学习、网上查资料学习、向别人请教……
- 用:在多个生活场景中使用、在多个工作场景中使用……
- 教:教给不同的人、在不同的场合教……

(3)组合角度。将"层次"和"场景"两两搭配,每一组搭配就是一个塑造角度。

例如,用两两搭配的方式组合出 5 个塑造"好学"的角度,以"学拍照"为例。

- 第一组:到书店翻阅一本讲拍照技巧的书、通过微信公众号阅读一篇讲拍照技巧的文章、用某个小技巧给孩子拍一张美照、报名参加一个教拍照的培训班、跟朋友讨教某张照片的拍摄手法……
- 第二组:在给同事拍照时用了某个小技巧、外出看到美景拍出很好的效果、指导家人给自己拍照、加入一个拍友社群、网购一本拍照技巧书……

通过这种组合角度进行塑造,可以有效避免内容上的重复。

3. 标题设计

系列式微文案的标题格式和连续剧微文案是一样的:**主标题 + 分隔符 + 副标题**。不过,系列式微文案有两种类型:固定话题和临时话题。固定话题是长期的,比如前面说的"日精进",或者持续发布的客户反馈。这类话题的副标题直接使用 01、02 这样的数字编号按照顺序编排下去即可。

固定话题比较少，更多的是临时话题。通常一组临时话题的微文案发布之后，较长时间不会再增加内容。这类微文案的副标题要尽量避免使用数字编号，要以"能够体现单条文案的中心"为原则。

用一组 5 条的系列式微文案塑造品牌实力，品牌名称假定为 XYZ，5 个塑造角度分别是百年品牌、遍及全球多个国家的客户群体、顶尖研发团队、极佳的用户口碑、连续多年业绩持续增长。那这 5 条微文案的标题就可以是——

- 硬核 XYZ ｜ 百年品牌
- 硬核 XYZ ｜ 普惠全球
- 硬核 XYZ ｜ 前沿技术
- 硬核 XYZ ｜ 口口相传
- 硬核 XYZ ｜ 高开高走

4. 发布安排

固定话题的发布时间通常安排在一个固定的时间段，而且时间跨度最好限制在半小时之内，最多也不要超过一小时。

比如发"日精进"这个话题，可以固定在每天早晨 7:00—8:00 发布，尽量不要出现今天 7 点发，明天 9 点发，后天改到晚上发布的情况。长期保持一个相对固定的发布时间，有利于培养阅读者的关注习惯。

临时话题的发布可以参照连续剧微文案的发布安排。不过对各种活动的塑造例外，除了活动倒计时的系列式微文案是在固定时间发布，且保持一天一条之外，这类话题要尽量集中在一天内完成发布，各条之间的时间间隔要短，比如十分钟或者半小时。

至此，微文案的实战篇就结束了。后面的章节会分享微文案在朋友圈、社群、海报、短视频几个场景里的具体应用。用好微文案这个工具，大家在这些场景里的推广宣传将如虎添翼。

第五篇

场 景 篇

第15章 CHAPTER 15
微文案，朋友圈里的圈粉利器

提起朋友圈，最容易联想到的恐怕就是微商了，或者还会从这个延伸到广告、刷屏等"不良"体验。

可能正是因为这个，越来越多的人开始有一些疑惑：现在发朋友圈还有人看吗？朋友圈到底有什么用呢？难道仅是让大家打广告吗？

朋友圈"无用论"能讲得通吗？如果你也有类似的疑惑，或许应该重新了解一下朋友圈。

15.1 重新认识朋友圈

在 4.0 版本之前，微信里并没有朋友圈，这时的微信更多只是一款即时通信工具，虽然已经有了上亿的用户量，但是好友之间的关系链是"单向"的：我和你很熟悉、你和他很熟悉，我们三个人处于同一组通讯录里，但我和他没有过多接触，很难产生信息上的交互。

"朋友圈"功能改变了这种关系结构，从单向变成了网状。原本通讯录里很多人只是一个名字，因为各种原因添加了微信后就变成了"认识的陌生人"，互相之间没有交流、没有进一步熟悉起来的通道。但是借助朋友圈的"社区"属性，每个人都有了一个基于整个通讯录展示自己的通道，而且对方不需要"被动接受"。

在朋友圈之前，微信好比是一个相对封闭的小区，里面居住的人都"封门闭户"，只跟几个固定的相熟人家来往。朋友圈就好比是小区里的活动中心，所有住户都可以来这里下棋、听音乐、锻炼身体……大家有了更多打照面的机会。

随着代购、微商等职业的兴起，朋友圈这个"活动中心"里开始出现"商业街"的影子，毫无疑问，它给整个"小区"的住户在生活上带来了极大便利。但是随着"商业街"越来越繁荣，"商户"越来越多，让住户们感觉不爽的现象开始出现——**扰民**。

刷屏式的广告造成了极大的信息干扰，很多人面对层出不穷的推销信息，只能来个眼不见为净，干脆拉黑了事……

所以，朋友圈或者说发朋友圈已经没用了吗？

不，我们不可能因为"商业街"里产生了信息干扰就否定整个"活动中心"的价值。朋友圈首先是一个让大家交往、沟通的社区，各种商业推广则是人流聚集后形成的必然行为。

也就是说，**社交才是朋友圈的第一价值**。你和圈里人"混熟"了，把好产品或者有价值的信息分享给大家，这会受到大伙儿的欢迎；反之，单纯地把朋友圈当成广告阵地，不断进行信息轰炸，自然就会遭到大伙儿的抵制。

那在朋友圈里，我们要怎么成为一个受欢迎的人呢？

15.2 你的朋友圈里少了什么

想知道怎么受大家欢迎，其实不妨想想我们自己欢迎什么样的人，或者说喜欢跟什么人交往。对于这个问题，有的答案会是"有用"，有的答案会是"对脾气"，有的答案可能会是"好交往"……每个答案都有道理，但是每个答案都不算完整，这就是所谓的众口难调吧，毕竟我们希望能通过朋友圈来影响尽可能多的人。

很显然，我们把自己展示得越充分，大家对我们了解就越全面，互相之间也更容易找到产生共鸣的"点"。在朋友圈里，我们展示出来的形象有三个方面是必不可少的（见下图）。

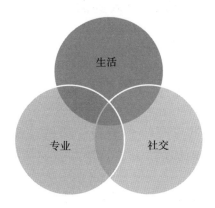

（1）**生活方面**：这是朋友圈形象的基础，也是最重要的内容。它可以让我们成为一个真实的人，而不是一个打广告的人、一个销售者

或者一个微商。

（2）专业方面： 你擅长什么、你的优势是什么、你能帮助别人做什么，这方面的内容可以帮助我们成为大家眼里"有用"的人。

不过要说明一点，通过单纯的产品价值很难建立个人的专业形象。比如，假设我是一个服装销售者，在朋友圈里展示很多漂亮衣服，我想建立的"价值"是帮大家买到漂亮衣服。这其实只是将"卖衣服"换了一种形式而已，同样在"卖衣服"的人很多。在这种价值的基础上，如果我还有一些其他相关的优势，比如会搭配、会设计等，结合这些就可以形成我在服装方面的专业形象。

（3）社交方面： 你和什么样的人打交道、你在和人交往时是什么样子，这些内容可以让大家看清楚你是不是一个"好交往"的人。和朋友聚会、和陌生人打交道、和同事领导之间的交往……这些都可以在朋友圈里展示。

15.3 用微文案包装你的个人品牌

如果想通过朋友圈提升自己的影响力，我们要发布的内容很多，比如前面说的生活、专业、社交三个方面，每个方面又会有多个不同的话题。

不过，内容再多也只有一个中心，那就是打造我们的**个人品牌**。我们最终要通过朋友圈传递给大家的就是我们的"品牌形象"。

既然称为品牌，又要面对很多人进行推广，那就需要相应的"包装"。在朋友圈里，一套合格的个人品牌包装应该起到三个作用（见下图）。

（1）**体现价值**。这是包装的核心作用，人们可以通过包装直接了解到你能给到他们的帮助。

（2）**形成区别**。有自己的辨识度，你能更容易被大家注意到。这种辨识度既可以是具体价值上和大家的不同，也可以是表达风格上的或者性格外形上的独有特征。

（3）**增加传播**。包装不是为了让自己显得"高大上"，而是要用更简洁的信息去概括我们的个人特点，易记、易懂的表达才能起到增加传播的作用。

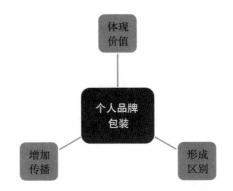

在朋友圈里，一套完整的个人品牌包装包含五个元素：**个人昵称**、**个人标签**、**个人签名**、**个人介绍**以及相配合的**图片**。以我自己为例（见下图）：

- 个人昵称：流年小筑。
- 个人标签：笔尖上的舞者。
- 个人签名：用文字提升你的价值，借智慧丰富你的人生。
- 个人介绍：听用户的声音，触营销的思维，展人性的情怀。给我三尺素笺，还你江山万里。

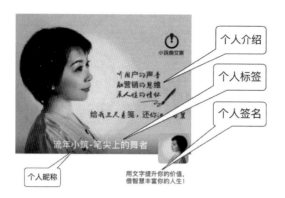

（1）**个人昵称**：就是我们在微信里的名字。大多数情况下，用本名作为昵称是一个不错的选择。

（2）**个人标签**：是对个人价值的高度概括，也是个人优势的体现。笔尖上的舞者，体现的是我在文字方面的专业和优势。

比如，你正在经营的产品是女装，你又很善于服装搭配，能够根据用户体型给她们搭配出合体又漂亮的穿着，那你的个人标签就是要去突显这种优势。

你的优势：借助很多款式的服装，再加上你的搭配技巧，让大伙儿找到更能体现美感的穿着搭配，显得更漂亮。

优势概括：搭配出更美的穿着，显得更漂亮。

个人标签：百变美搭师。

（3）**个人签名**：是对个人标签的解释，以及对价值的具体塑造。我的签名里的"提升价值、丰富人生"，体现的就是我这个"笔尖上的舞者"能帮大家做什么。

比如"百变美搭师"这个标签，它只是一个称呼或者说名号，我们需要通过签名做出更具体的描述。例如，"你原本就很美，我帮你穿出来"或者"让 100 分的美女，穿出 120 分的美感"，这些都是在具体塑造我对大家的价值所在。

（4）**个人介绍**：具体塑造方向有多种，可以是愿景体现，比如前面我的个人介绍；也可以是成就方面的展示；或者经历、小故事、对自己优势的进一步描述。字数不要太多，以 30 字左右为宜。

（5）**图片**：图片通常都是选用本人照片，以高清晰度、背景整洁为主要原则，风格上既可以是偏职业化的正装照片，也可以是生活照或者艺术照，这要根据我们想要包装出来的具体形象确定。

15.4　用微文案展示你的个人价值

在包装个人品牌时，我们更强调对个人价值的体现，也就是尽量向大家展示自己"有用"的一面。但是前面我们说过，朋友圈首先是一个社交场所，我们在其中展示个人形象时，生活、专业、社交都是不可缺少的。

在实际的朋友圈展示里，最常见的误区是把"专业价值"当作"个人价值"。比如我是一个女装销售者，每天在朋友圈里发的都是服装展示、用户好评，那我在其他人眼里是一个什么形象？只能是一个纯粹的"卖家"形象！

不可否认，对于大家来说"卖家"也有价值，但是这种价值过于"单薄"，尤其是在朋友圈这个社交场景里，只靠"买卖关系"很难把人真正留住。他们可能是你的意向客户，也可能是你的客户甚至老客户，但绝不可能成为你真正的粉丝。

在我看来，朋友圈里的个人价值应该是三种价值的综合体现，也只有这种综合价值，才能够把一个陌生人变成朋友，再把朋友变成粉丝，具体示意见下图。

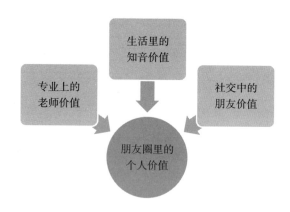

想象一下，一个人如果同时具备知音、朋友、老师的某些特点，你们在生活中有共同点，他能在某些方面给你提供帮助，他还是一个很好交往的人……这样一个人，你会拒绝和他"深交"下去吗？套用一句流行语，遇上这样的人，你就果断粉了吧！

那我们要怎么通过微文案去展示这种"综合价值"呢？其实具体的表达并不是最重要的，更关键的是如何**对个人价值进行规划性展示**。

打个比方，假设我是一个女装销售者，除了和服装、客户相关的内容外，我还要发布一些生活、社交方面的内容，三方面内容的比例以及发布安排就是我要规划的。

具体规划上，有三个原则大家应该牢记：

（1）生活方面的内容不少于30%，早中晚三餐前后更适合发布此类内容；

（2）专业方面内容不超过50%，上午下午正常工作时间更适合发布此类内容；

（3）社交方面内容不需要每天都展示，保证每两到三天有体现即可，这类内容适合在非工作时间内发布。

看一个例子。比如，今天我准备发 5 条微文案，下面做一个小规划，具体见下表。

	内容表达	发布时间	形象塑造
第一条	出门前看天气不错，挑一个色彩亮丽的小首饰，感觉很应景	8:00 左右	生活形象
第二条	新款女装到货上架，在模特上搭配不同组合	10:00 左右	专业形象
第三条	午饭也没回家吃，就在店里叫了外卖	13:00 左右	生活形象
第四条	（一件主打款式的推广）	16:00 左右	专业形象
第五条	晚上回家前，跟隔壁美甲店老板聊了一会	20:00 左右	社交形象

从这一天的信息展示里不难发现，首先我想让大家看到的是生活里的我，其次才是我在专业方面的优势，而社交则是我朋友圈里的"点缀"。

其实这也是我们在朋友圈里展示个人价值的思路：生活体现我们的**"真实"**、专业体现我们的**"有用"**、社交体现我们的**"好交往"**。这样的我们，一定能够在朋友圈里圈找到属于自己的一批忠实粉丝。

第16章 CHAPTER
微文案，社群里的黏合剂

在社群场景里，成员身上的共同特征更明显。他们往往是因为某个共同爱好、共同目的，或者为了某一场相同的活动聚集在一起。

虽说是一个聚集人的场所，但社群也是一个"信息集散中心"，运营者要通过发布多种信息来体现社群价值、邀约新成员加入、留住老成员或者完成产品的推广销售……不管我们的最终目的是什么，成员们对社群的归属感越强、依赖感越强，这个目的就越容易达到。

当然，这些都离不开一个前提：**让社群成员能真正关注到运营者发布的信息。**

换句话说，让社群成员能听到你说的、让他们愿意听你说，在我眼里，这是社群具有黏性的基础。而微文案，就是能提高社群黏性的黏合剂。

16.1 微文案在社群里的作用

微文案是一种能够帮助我们实现更好表达的工具，在社群里，"表达"是刚需。从一开始的邀约到入群时的欢迎，再到社群运营中的消息公告、信息发布，作为运营者几乎一直在对社群成员进行各种各样的表达。

和现实生活中的聚会或者会议场景不同，社群的线上属性决定了它具备更高的自由度，更确切地说，成员们会对社群的自由度有更高的要求，没有人愿意在一个线上社群里还要受过多拘束。反过来说，他们在这个群里待得不舒服了、不开心了，转头离开便是，甚至不需要多花时间去考虑。

对于运营者来说，自然不希望出现人员流失的情况，而微文案能让我们把话说得更"好听"，让同样的内容具有更好的亲和力，让社群成员愿意继续留在群里，接收我们后续发布的更多的内容。

16.2 社群邀约微文案该怎么写

邀约是社群搭建完成后进行的必然步骤，我相信，绝大多数人的微信里都有多个社群，也会经常收到各种社群邀约信息。咱们不妨先来看两个邀约微文案的例子。

第一个例子：

知名老师×××今晚八点驾临××群,现场讲解×××。
机会难得,扫码进群。

第二个例子:

多个平台优惠券限时抢!
××群定时福利大放送,让你花更少的钱,买更多好东西!
回复666,拉你进群,共享超值好产品。

类似的社群邀约信息,你有没有收到过?又会不会产生加入的兴趣呢?

大多数情况下,这类信息会被我们当作广告,认为这是一种卖课程、卖产品的套路,潜意识就会产生戒备甚至抗拒心理。

拉人进群时,用一定的"好处"吸引对方是常见的套路,也是必要的。不过在社群邀约的微文案里,把好处变成理由往往更有效。

打个比方,一个知名的理财专家来群里分享家庭理财技巧,教大家如何把闲钱用起来,实现财富增值。这里面"好处"很多,专家名头、理财技巧、财富增值都有吸引力,但这些都算不上能让大家愿意进群的理由。我们可以按下面的方法去邀约。

去年的苹果3.5元/斤,今年的苹果5.8元/斤;
去年的房子8000元/平方米,今年的房子11000元/平方米。
一直攒钱,钱却越攒越少?
再不让家里的闲钱动起来,物价一天天涨,它就一天天少……
今晚八点,知名老师×××驾临××群,为大家现场分享家庭理财技巧。
如果你不想今年的一万明年变八千,扫码进群,守住你的家庭财富。

如果不理财，财富会自动贬值，这是一个加群的理由。当然，我们不能直接告诉对方这个道理，最好用他们熟悉的生活或者工作场景让他们自己感受到。

先给出理由，让对方知道加入社群的必要性；再给出好处，让对方知道自己进群能得到什么。这是更有效的社群邀约方式。

16.3　社群欢迎语该怎么写

新人入群，我们通常会用一段欢迎语来表示欢迎。从目的上来说，这样做一方面是让新成员感受到社群的热情，另一方面则是给到新成员足够的存在感。那么，文案表达上的重点就是怎么让"存在感"变得更强。比较简单、直接的欢迎语通常是下面这样：

热烈欢迎×××加入本群！

群里的老成员会复制发送同样的欢迎信息，几十个整齐划一的"欢迎"看起来也是蛮有仪式感。那它能带给新成员多少存在感呢？是不是同时在场的欢迎者足够多，对方就会有足够的存在感？

咱们可以换一下场景。假设你去参加一场几百人的聚会，主持人在大家面前介绍你，下面有几种不同的介绍方式。

这位是×××。
这位是来自××的×××。
这位是被称为×××（某个称号或者某个头衔）的×××，来自××，在××方面……（成就或荣誉）。

你会更喜欢哪种介绍？

我相信，绝大部分人都会喜欢更详细的介绍。第一种只提名字的方式会让人产生被轻视、被怠慢的感觉。更详细的个人信息背后，是对一个人更高的关注度。很显然，对方感受到你的关注度越高，他的存在感就越强。

在社群场景里也是同样的道理，在"格式化"的欢迎词里增加一部分"个性化"的内容，让被欢迎者感受到社群对他的关注，这能够很好地提高对方的存在感。

一段完整的社群欢迎语，应该至少包含以下五个关键信息——**身份特征、名字、优势、地域、结果**，见下图。

例如，一个交流厨艺的美食社群，新加入的是一个宝妈，她带着两个孩子的同时还兼职做着创业项目。我们的欢迎语就可以是这样的：

热烈欢迎超能宝妈×××加入本群！
来自××的她左手能带娃，右手能赚钱。
用不了多久，咱就可以在她的名字前再加个美食家的头衔啦！

身份特征可让对方产生"与众不同"的感觉，优势通常是对身份特征的进一步说明，而结果则是在这个社群里能得到什么。

16.4 社群通知该怎么写

社群通知通常用来对一些即将组织的活动进行告知，面向的对象是社群全体成员。不过，让大家知道什么时间有什么活动并不是目的，让更多人接到通知后能够保证准时在线才是目的。

如果是线下场景，比如公司里发一个活动通知，员工们都会很自觉地按照通知准时到场，这是因为有相关规章制度的约束。社群里无法以"硬性约束"的方式来要求大家，最常见的做法是在通知里进行相应的提醒和引导。

> 今晚20:00，本群将举办××活动。
> ×××（活动具体信息）
> **请大家务必准时在线！**
> 以上信息，收到的伙伴请回复"666"确认。

一个专门的提醒、一个回复动作，能不能提高大家对通知的响应度？

首先要肯定的是，这样的表达是必要的，但是它们更多提高的还是社群成员们对通知信息的关注度。也就是大家更容易注意到群里发布了一条活动通知，通知里提醒晚上八点准时参加活动。对于活动本身的参与度，这样的提醒和互动并没有明显的提升效果，因为原本就想参加的人不会错过，而意愿不强的人获悉这个通知也不会动心。

其实，在社群里进行活动通知，一定程度上和"产品塑造"很相似，因为两者都需要把活动的价值告诉大家。只不过，社群里的活动通知针对的是群内成员，不必搞那些高大上的价值描述，只须像跟熟人推荐产品一样，直接说"好处"就可以。

比如说，小筑微文案每一期培训结束后，都会举办一场毕业典礼活动，这时也要以通知的方式告诉大家相关信息，以引导大家参与。

在通知里，我们就可以对参加活动的"好处"进行塑造：

要不要在 500 人面前亮一下你的绝活？
要不要把其中的几百人都变成你的铁粉？
我这里有舞台，你有没有胆来炫？
今晚八点，小筑微文案第 ×× 期毕业典礼将于本群举办。
所有到场的伙伴都有机会登场秀一下哦！
不想错过的朋友，请务必准时在线！
以上信息，收到的伙伴请回复"666"确认。

把"好处"在通知里体现出来，可以在告知之外起到更多的引导作用。另外，塑造好处时有一个小窍门：**说失去比说得到往往更有效。**

从心理上说，人们对"失去"的敏感度比对"得到"更高，这就好比你赚 1000 元一般记不住多久，但要是赔了 1000 元往往能记很长时间。我们在塑造好处时，也可以从"失去"的角度来表达。比如**"要不要把其中的几百人都变成你的铁粉？"**这是从"得到"的角度表达，那我们换成**"错过这次，你很有可能丢掉几百个铁粉哟！"**就是从"失去"的角度表达了。

角度不同，但都是在塑造好处，大家可以在写社群通知时尝试一下两种表达角度带来的不同效果。

16.5 社群互动，你的微文案用对了吗

除了组织活动，社群里经常会有各种小互动，比如大家做个小游戏或者针对某个话题聊一聊。类似这样的日常互动往往带有一定的随机性，都是为了不让社群氛围长时间"冷"下去。当然，互动的具体内容要根据社群的运营思路来定，不能和社群的规划方向产生冲突，这属于社群运营的范畴，咱们不做讨论。在这里我要说的是，这种日常互动怎么表达才能让更多人动起来。

俗话说万事开头难，社群里的日常互动也是这样，开场时如果不能把人"招呼"出来，互动很容易会因为冷场而进行不下去。

拿小筑微文案来说吧，我们经常会有一些临时的小互动，比如在非课程群里（课程群只讲课）安排一些思维训练小游戏，那此时要怎么跟大家打招呼呢？

有没有在线的伙伴呀？
在的赶紧打1，5分钟后咱们思维训练小游戏走一波！

这是简单直接的打招呼方式，至于效果往往就要"碰运气"了。赶上在线人多，互动很容易组织起来，但也有不少时候会出现冷场。

其实，在这种日常互动里，我们还真需要一点必要的"废话"，看看下面这一段打招呼的方式：

我就是路过，看看有多少人在，要是人多，咱就来点好玩的。
就咱们这几个呀？要是再多几个，玩起来更有意思。

我瞧着人差不多了，咱 3 分钟后来一波思维训练小游戏，赶不上的一律不准插队！

实际上，这就是把一段话拆成几部分说出来，其中有一些更像是闲聊的内容。它们起到了很好的缓冲作用，不但给我们提供了调整互动局面的缓冲，还给社群成员留下了更充分的回应时间，毕竟绝大多数人不会一直留意群消息。

社群是一个多对多的互动场所，我一直认为，在这个场景里，把"天儿"聊好是运营好社群的必要条件。借助微文案的思维和表达，我们可以不断尝试更有吸引力、更能抓住人心的聊天方式。

第17章 CHAPTER 17
微文案，海报上的点睛妙笔

海报是一种常见的宣传推广方式，在活动推广和产品推广中都经常用到。从呈现出的效果来看，它是一种集合了图像、文字、色彩等元素的综合信息传达。

下图所示是一个海报模板，从中不难看出，文字和图形是其中两大"主角"。以这张励志主题的海报来说，如果我们去掉上面的文字，你同样能感受到它传递出来的力量感或者说奋斗感，但是你可能以为它是在推广某款运动衣、推广某个运动项目……

一句"敢闯敢做梦"精准诠释了整张海报的主题，配合着文字，我们很容易捕捉到海报要传达的确切信息。

在海报里,微文案起到的就是这么一种画龙点睛的作用。它可以把图像和色彩形成的视觉冲击转为准确而有效的具体信息,在吸引目光的同时实现有效推广。

17.1 如何和海报的主题搭配

在探讨怎么写好一段海报微文案之前,我们有必要先来了解一下海报的主题。

每张海报都有一个确定的主题,比如一张关于中秋节的海报,它的主题可能是团圆、思念或者乡情等,体现主题的图像可能是一轮明月、一盒月饼或者一桌家宴。

不管具体的细节是什么,给海报配文案都是一种"命题式"表达,这个场景下的微文案由不得我们天马行空,而是要在一个特定的框架中去写。

这个框架是由三个关键因素构成,具体见下图。

海报主题决定着什么样的图像元素是合适的,而图像元素和主题之间的自然联系就是需要我们用微文案去深化表达的内容。

比如本章开头的海报模板里,主要的图像元素有奔跑的人、燃烧的火焰、星空背景,奔跑者做出的是一个跨越、冲线的姿态。那给这张海报配文案的框架就是:通过奔跑、燃烧、星空、跨越、冲线这些图形信息,解读出它们和励志主题之间的联系,并形成具体的表达。

微文案和海报主题的搭配,就是用文字表达海报里图像元素和主题之间的联系。

仍然以前面的海报模板为例,**"敢闯敢做梦"** 这句话如果从图像元素出发做一个更为直白的"翻译",其实就是**"奔跑起来冲向星空"**的意思。这两种表达的区别是,后者是我们能够直接从海报图像里解读出来的意思,前者就是润色后的微文案表达。

17.2　风格和谐才有 1+1 > 2 的效果

一段合适的微文案在海报里能够起到"点睛"的作用，要做到这一点，仅把图像元素和海报主题之间的联系表达出来并不够。

任何一张海报，即便我们不看其中的文字，海报中的图像和色彩本身也都有着明显的风格，有的是磅礴大气，有的是唯美婉约，有的可能激情热血，还有的可能含蓄内敛……比如开头那张海报模板，不看其中的文字，从中我们也能感受到很强烈的**"力量感"**，这就是海报风格的直接体现。

想象一下，如果一张很有力量感的海报，却配上一段唯美婉约的文案，整体效果会是什么样子呢？比如我们把"敢闯敢做梦"替换为"生活里还有诗和远方"，这种表达一定会让你感觉很别扭，文案和海报之间明显出现了风格上的冲突，这样的文案不仅起不到画龙点睛的作用，反而会削弱彼此的作用。

所以说，**微文案和海报必须在风格上做到和谐统一，且要以海报本身风格为基调，文案表达要顺势而为。**

如果从海报设计的角度来区分风格，诸如给出简约、复古、清新、商务等风格，其实很难为微文案的具体表达提供参考，因为我们无法判断怎么表达就是"复古"的。

相比较而言，我更倾向于从观看海报时的直观感受出发去做风格区分，这样可以直接确定微文案的表达风格，例如下图所示。

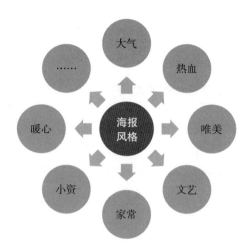

用什么标签来划分海报风格并没有统一标准,你完全可以用自己习惯的方式来划分。下面看几个具体的例子。

(1)大气:用一个成语来概括就是气势磅礴,山川、河流、星空、宇宙这些图像元素往往都偏向于这种风格。比如海报上的主体图像是一道从高山上倾泻而下的瀑布,我们用**"飞流直下三千尺"**来配合就会显得相得益彰,如果用**"大珠小珠落玉盘"**去塑造飞溅的水花就会显得"小气"。

(2)唯美:这个很好理解,简单来说就是各种"美极了"的图像元素。比如纯净的蓝天上飘着几朵白云,下面是一片明黄色的向日葵。我们用**"目光沉醉的地方,脚步沦陷的净土"**来配合就很应景,而换成**"美不胜收"**就少了很多感觉。

(3)小资:这个概念有很多解释,我更倾向于把它定义为一种精致的态度以及对格调的追求。比如海报上的图像元素是午后的落地窗前的一张小桌、一杯咖啡、一本书。用**"在书香里品着咖啡的苦,混合出午后的慵懒"**来配文会显得很有格调,但是用**"咖啡+书,一个充实的中午"来配文就显得过于直白。

17.3 如何确定最关键的字或词

除了一些必要的活动细则、产品信息或者联络方式之外，海报上的微文案字数都不会太多，通常是用一个短句或者几个词语甚至一个字完成对海报主题的诠释。比如，一场夏季促销的活动海报，主题文案可能就是"约惠一夏"这四个字；一场运动比赛的海报，主题文案可能就是一个"燃"字。那文案里的关键词或者关键字，到底该怎么确定？

海报里的图像元素会集中体现出某个场景，关键词就是对这个场景的概括，大多数情况下，用**动词**去概括海报里的场景更为合适。

下面看两张不同风格的海报，具体如下。

第一张七夕海报，所用的场景是"牛郎织女相会"，如果这张海报的主题就是要表达爱情，那么我们可以把这个场景概括为"相约""相逢""牵

手"等。

以相约为例，若海报风格带有明显的中国风特征，偏向于文艺，那么我们可以给它配一段这样的微文案：**"相约一生，相守一世"**。

第二张团队大赛海报，场景是"两个拳头相抵对抗"，明显是热血风格，除了"对决"这个关键词之外，我们也可以把场景概括为一个"战"字，相应的微文案就用简洁的两个字：**来战**。

最后，我们再来梳理一下给海报配文案的步骤：

（1）明确海报主题；
（2）明确海报风格，这也会决定微文案的表达风格；
（3）根据图像元素和主题的联系，确定海报里的核心场景；
（4）把场景概括为1到2个关键词（字）；
（5）把关键词扩展为与风格相符的具体表达。

第18章 CHAPTER
微文案，短视频里的画外音

从表达能力上来说，短视频要比图片和文字更强，它包含的信息也更丰富，表达上更为直观。不过，和文字、图片不同，视频是一种完全动态的信息，有些细节性的内容或者亮点不一定能被观看者第一时间注意到。

播放一条短视频不过是几十秒甚至十几秒的时间，最长也就几分钟。如果短视频的内容本身具备较高的热度，则被忽略掉的细节不至于影响整体效果。但更多时候，我们有必要把短视频里的亮点提炼出来，让观看者第一眼就清楚焦点在哪里。这时我们需要的就是微文案的辅助，它可以充当一个"画外音"的角色，用文字的方式最大化短视频的效果。

18.1 短视频要火，标题很重要

短视频里留给文案的舞台并不大，标题是其中最重要的一部分。一个好的标题，可以给一段精彩的视频锦上添花，也可以让一段普通的视频获得更高的点击、更多的评论；而一个不恰当的标题，却很有可能埋没一段原本很出色的视频。

我们划动一下手指的时间也就是 1 ~ 2 秒，这个短暂的瞬间决定了一段视频到底是被一划而过还是观看下去。视频本身的内容固然重要，但是前面这一两秒并不能让观看者看到视频的全貌，要吸引并留住他们，离不开文字标题的引导。掌握下图所示这几个表达技巧，你也能写出夺人眼球的短视频标题。

1. 控制字数

字数的多少直接影响着大家的第一印象。

标题过长，在屏幕上会显得很拥挤，密密麻麻的几行字挤在一起很难讨喜，大多数人没有耐心去细看到底表达了些什么；而过短的标题，又很难具体描述出视频内容，只有一些笼统的概述会造成吸引力不足。

不同平台的标题规范有所不同，对于大多数平台来说，**20～30字的标题呈现效果更好**（在屏幕上显示约为一行半到两行）。

2. 角色代入

比较起来，大家更关心和自己有直接关系的内容，我们可以在标题里**通过多种"角色标签"来制造代入感**，以便让观看者与视频产生共鸣。

比如"男性""女性"就是一种笼统的角色标签，而"年轻女性""90后女性"就要具体化一些。这些标签就好比身份象征，与特征相符合的人群更容易被吸引，例如：

几个生活小细节暴露情感状态，你注意到了吗？
几个生活小细节暴露情感状态，**天蝎座**的你注意到了吗？

第二个标题产生的代入感是不是更强？

3. 插入数字

如果一条信息只看1秒，什么词语是最容易被记住的？答案是阿拉伯数字！它们的含义是相对确定的，人们对数字的印象接近本能，不需要任何额外的联想。在标题里适当插入数字，可以在最短的时间里给大家留下**有效印象**，这往往就会成为对方愿意继续看下去的理由。

比如前面例子中，标题里的"几个生活小细节"改成"3个生活小细节"，信息的有效性就会更强。

4. 选择热词

汉语有着极强的表达能力，字词的微小差别往往会营造出不同的语境。不过也正因为如此，绝大多数词语都能找到同义词或者近义词，它们本身的含义区别不大，但是在搜索热度上却会有强弱之分。在含义相近的表达里，**选择人们更习惯搜索的热词会大大提高标题的曝光率**，视频被点击的机会自然也是水涨船高。例如："幽默"比"爆笑"的搜索热度更高，"老太太"比"大妈"的搜索热度更高，"游客"比"旅客"的搜索热度更高（可通过百度指数进行查询）……标题里使用热度更高的词语，也是一种有效的借势。

5. 使用问句

陈述和感叹是常见的标题句式，前者的优势在于对视频内容的介绍更清楚，后者则更容易体现情绪。不过在适当的时候，用问句的方式来拟定标题会有更好的效果。

我们大致上可以把标题里的问句分成两种类型：**疑问句、反问句**。

疑问句需要有一个答案，这样的标题通常用来引起好奇心，让大家关注视频里给出的答案。比如：

新手机用几天就卡顿，到底是哪3个"小贼"偷走了你的内存？

反问句不需要答案，这样的标题往往是先制造反常，再让大家关注视频里给出的解释。比如：

新手机用几天就卡顿，你怎么还没关掉这3个功能开关？

6.设置悬念

有悬念感的标题，可以有效地引发大家对视频内容的关注。在设置悬念时，下面这两种模式是最常见的。

模式一：利用矛盾冲突制造悬念。

标题信息里存在明显的矛盾冲突，造成的原因或者带来的结局若是**开放性**的，人们会关心可能的前因后果。比如：

第 1 次相亲，闷葫芦的寡言男碰上不住嘴的唠叨女！

男女性格上的差异就是一种矛盾冲突。

模式二：说一半藏一半，留下悬念。

这个很好埋解，我们直接看一个例子：

新手机千万别直接用！要是不关掉这 3 个开关……

18.2 没有金句的短视频是不完美的

你可能记不清楚一部电视剧的情节，但是你往往能记住里面一些**经典台词**；你可能并不会对某个人物有太深的了解，但是你很有可能听过他的一些**经典语录**。这些都可以视为"金句"。其实，我们经常提到的金句并没有一个确定的概念，它并不仅仅是指那些能够发人深省的名言警句。在我看来，文案领域的金句其实就是一个传播热点，它通常具备下图所示的三个特征。

（1）**上口好记**是基础特征，因为这是广为流传的基础。如果不能广为流传，那也就称不上金句了，从这一点来说，金句里不会出现过于专业的术语或者深奥晦涩的表达，通俗易懂才是它的正确打开方式。

（2）**内涵丰富**是核心特征，换句话说，金句一定是很耐读的，必须经得起反复琢磨，也值得我们去反复品味。

（3）**有创新性**是外在表现，这里的创新并不是指惊天动地的大道理，能让大家产生新鲜感就是有效创新。

例如，来自罗振宇的金句"没有任何**道路**可以通向**真诚**，真诚本身就是道路"。里面的关键词是"道路"和"真诚"，这两个都是通俗易懂的词语。把真诚比喻为一条道路，是一种有新鲜感的说法，而整句话的表达也很有味道，甚至不同的人会读出不同的感悟。当然，也不排除会有一些"不明觉厉"⊖的感觉，这无疑也是内涵丰富的表现。

那为什么没有金句的短视频是不完美的？我们看一个经典的例子。

在铁时达《天长地久篇》广告片里有这样一个场景：一对新婚夫妇因为战争被迫分离。飞行员丈夫出征前把手表交给妻子。遥望着战机起飞后的天空，妻子眼前浮现出一幕幕往日的甜蜜……

这时，唯一的一段文字出现：**不在乎天长地久，只在乎曾经拥有。**

⊖ 网络用语，表示虽然不明白什么意思，但是仍然觉得很厉害。

可以说，这个金句引爆了整个广告片所有的情绪，关于爱情、关于忠贞、关于离别、关于守望……就算我们不考虑任何产品因素，把这个广告当成一段纯粹的视频来看，要用一句话去概括这个故事，你会发现，这个金句就是最好的表达。

金句，是文案里的传播热点，也是短视频里的爆点。它可以成为视频镜头里最亮眼的那一帧，让一段视频在大家脑海里停留更久。发布时，我们可以在短视频里用字幕的方式去呈现金句（可通过第三方视频编辑软件实现）。

那到底要怎么写出金句呢？在这里给大家分享两种简单易行的"套路"，见下图。

（1）反复表达：用4~6个关键词组成一个句子，其中一个关键词重复两次，其他2~4个关键词要存在明显的对比或者反差。

例如：

- 不在乎天长地久，只在乎曾经拥有。这里面"在乎"是重复的关键词，"天长地久"和"曾经拥有"是一组反差词语。
- 用子弹放倒敌人，用二锅头放倒兄弟。这里面"放倒"是重复的关键词，"子弹"和"二锅头"、"敌人"和"兄弟"是两组存在对比反差关系的词语。

看一个实战案例。比如发一段大爷大妈们跳广场舞的视频，我们可以配一句这样的字幕文案：人可以老，心不能老。

（2）顶真表达：前后两句话组成一句完整的金句，上一句结尾的词（字）就是下一句开头的词（字）。

例如：

- 没有任何道路可以通向**真诚**，**真诚**本身就是道路。
- 今年过节不**收礼**，**收礼**只收×××。

看一个实战案例。对一段孩子在客厅里疯闹的视频，我们可以配一句这样的文案：有妈的孩子像块宝，宝妈的日子像野草。

两种表达套路里其实都用到了关键词的重复，这也是打造金句最简单的方式，尽量用更少的词语组合成句，再通过对其中一个关键词的重复来加深读者印象。

18.3 用微文案给你的短视频留点画外音

要衡量一条短视频够不够火，点赞量、评论量、转发量这三个是硬指标。不过我们也都清楚，偶尔有一条视频获得大量的点赞、评论并不难。比如，跟进热点事件，借助事件本身的热度往往就能够火起来，但是这种"火"很难持续，毕竟不可能有那么多关注度极高的热点事情供我们借势。

要做到持续火爆，最终还是要依靠精品内容，这里面既包括视频内容，也包括和视频配合的文字内容。比较起来，视频内容的打造难度其实更高。随着短视频用户量的激增，内容同质化的情况只会越来越严重，有一个关于某话题的短视频火了，瞬间你就会发现有成千上万个同类话题的内容冒出来。我们要怎么在千军万马里突围？

以抖音平台为例。在 2019 年第三季度的运营数据里，App 用户日均使用时长已经超过 1 小时，这就意味着大部分用户每天会刷几十条甚至上百条短视频，这里面一定有大量的视频内容是相近的，单纯靠视频提升自己的辨识度相当困难。这时候，微文案完全可以成为你的好帮手，比如你的视频标题都写得很幽默，或者你的视频里经常出现金句……这些都有助于形成你独特的**短视频风格**，也是做到持续火爆的必要基础。

微文案并不是短视频里的主角，但它却是短视频的最佳拍档。用好微文案，无论是体现在标题上，还是呈现在视频里的金句中，这种"画外音"都能有效放大短视频的影响力。

第六篇
辅 助 篇

第19章 CHAPTER

花式呈现——微文案的排版技巧

有句话说得好:好看的皮囊千篇一律,有趣的灵魂万里挑一。

如果放在微文案上,我们就一定要贪心一点,不仅要写出"有趣的灵魂",还要把"漂亮的皮囊"展示给大家。

这里说的"皮囊",自然是指微文案的呈现效果。按照常理来说,文案写出来就要到发布环节了,但仅仅按部就班地把文字发出来是不够的,在排版时用上一些小技巧,往往能够给微文案增加更多"色彩",这种花式呈现也更容易吸引大家的目光。

19.1 用表情符号"说话"

用惯了微信聊天，相信大家对里面的众多表情符号都不陌生，那如果我们在微文案里也插入表情符号，效果又会如何呢？

不妨先看一个对比效果。

常规效果：

一不小心被表白了，搞得我还有点小害羞。

添加表情符号后的效果：

一不小心被表白了，搞得我还有点小害羞😊

同样的文字，多了一个表情符号后，是不是整体感觉要更生动一些？这就是表情符号在微文案里的作用：**在静态的文字里营造出动态的感觉**。

再看一个在标题里插入表情符号的对比效果。

常规效果：

夏日钜惠，火爆来袭！

……

添加表情符号后的效果：

🔥夏日钜惠，火爆来袭🔥

……

从吸引注意力的角度来说，加入表情符号之后，呈现出来的效果会更吸睛。

适当的表情符号能够让微文案的呈现效果变得更鲜活，但这绝不是说我们可以随意插入表情符号。对于插入表情符号，下面这三个原则是必须要遵守的，不然很容易造成反效果。

1. 宜少不宜多

表情符号不是越多越好，一段不超过百字的微文案，插入的符号数量一般以 1～3 个为宜，通常控制在 2 个以内已经足够，过多的表情符号反而会让整个版面显得过于花哨、杂乱，分散大家对文字本身的注意力。

看一个对比（文案出自"每日优鲜"）。

多表情符号的效果：

每次想家的时候🏠
就想吃妈妈熬的玉米排骨汤🍲
大概所有的乡愁🗻
都是因为馋吧😋

少表情符号的效果：

每次想家的时候，就想吃妈妈熬的玉米排骨汤🍲
大概所有的乡愁，都是因为馋吧😋

过多的表情符号，不仅显得乱，也会对句意的完整性造成影响，这是我们在应用表情符号时要注意避免的情况。

2. 要合乎句意，而不是简单的"图解"

表情符号通常插在一句话的后面（标题里也有前后使用相同符号的情况），在判断到底什么符号合适时，并不是要用符号去体现这句话里的某个词语或者场景，而是要找一个合乎整句话中心意思的符号。

下面通过一个例子来说明（文案出自"滴滴打车"）。

图解式符号：

住在城中村的胡同里，
总要走几公里才能打到车🚗

合乎句意的符号：

住在城中村的胡同里，
总要走几公里才能打到车😩

图解式的符号往往是在"重复表达"，实际意义并不大。合乎句意的符号，却可以实现"辅助表达"，例如用一个"厌倦"的表情来表达对这种不方便的不满。

3. 多个符号不易雷同

一段微文案里插入 2 个以上的表情符号时，尽量不要选用"相似"表情。比如插入 3 个表情，分别是微笑、露齿笑、憨笑，这些表情是相似的，出现在同一段微文案里会产生很强的重复感。

现在，你也可以试着在微文案里插入几个会说话的表情符号了，看看效果怎么样。说明一下，如果是在 Word 等办公软件里编辑文案，可以通过搜狗输入法里的"表情"功能实现相关符号的插入。

19.2 色彩也是有张力的

很多时候，微文案需要呈现在图片或者某些背景之上，文字色彩和背景色之间合不合拍会直接影响视觉效果。

如果你对这一点还有怀疑，那不妨先来体验一下，见下图。

不协调的色彩搭配，很有可能直接造成视觉疲劳，在看着都费劲的情况下，谁还会关心你到底写了些什么？从视觉效果上来说，色彩的搭配首先要保证文字的**清晰度**，在这个基础上再追求特定的**视觉感受**。

通常，**浅色**（如白色、粉红色、浅蓝色、浅绿色等）**背景搭配深色**（如黑色、紫色、绿色、深蓝色等）**字体**或者**深色背景搭配浅色字体**都能保证清晰度，而且前者的视觉效果要更好一些。

另外，不同的色彩搭配往往能营造出一些特定的视觉冲击效果，比如暖色调的火热、冷色调的安静，这在一定程度上可以让微文案产生额外的张力，表现出来就是对阅读者更强的影响力。这方面的内容在很多和色彩有关的书籍中都有专门的论述，感兴趣的读者可以自行查阅。

19.3 字体、字号里的表达力

先来看一下字号对呈现效果的影响。

微文案的篇幅极短，不需要考虑字号大小对阅读速度的影响，我们应更关注它在抓取注意力时的作用。估计很多读者会有一种惯性认识：放大和加粗就等于强调，自然能获得更高的关注度。

其实，这种简单粗暴的处理并不能获得我们想要的效果，我们先看一组通过字号变化带来不同效果的对比案例，见下图。

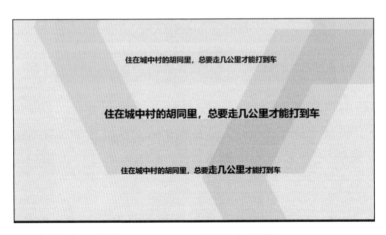

从效果上来说，**整体强调近似于都没有强调**。

就像图中第二行，把所有字号放大后确实更醒目了，但这只会给人一种类似于"更容易看到"或者"更容易看清楚"的感觉，而无法实现对关键文字的强调。而第三行进行了局部放大，因为有了对比效果，大字体的一组关键词就能起到很好的内容强调作用。

实际发布中，这类文案通常会使用竖排的方式，更容易看出效果，见下图。

字号的变化确实能够产生强调效果，不过要注意一点：**有对比才有强调**。通过大小字号的搭配可体现主次信息，这是利用字号变化来强化表达的正确方式。

字号对表达效果的影响主要体现在抓取注意力上，字体对表达效果的影响要更"深层"一些，它主要体现在和内容风格的协调性上。**不太和谐的搭配或许不会让你感觉别扭，但是和谐的搭配一定会让你有更强的阅读舒适感**。还是先看一组对比，见下图。

同样的一句文案，不同的字体却能表达出不同的韵味。

宋体的严肃正经、楷体的自然轻松、行楷的文艺洒脱，你觉得哪种"味道"和上面这句文案的风格更搭？很显然，后面两种字体和文案风格更匹配。

宋体是使用最普遍的字体，如果没有比较的话，这种风格之间的匹配其实比较难感受到。但在我看来，每种字体都有自己的"性格"，它们就好像一个个活生生的人，有的敦厚，有的严肃，有的简洁，有的文艺，有的轻松……

不同性格的人说话的口吻不同，不同"性格"的字体自然也会适用于不同风格的表达，这就是我眼里字体的表达力。

从表情符号到色彩搭配再到字体、字号，对于微文案来说，它们都算是细节，起不到决定性作用，但会对阅读体验产生不小的影响。

关注这些细节并不是舍本逐末的行为，我们或许永远写不出一条完美的微文案，但我们每发布一条微文案都应该追求最完美的呈现效果。

第20章 | CHAPTER

图文并茂——微文案的配图技巧

文字是微文案里的主角,但是微文案很少以纯文字的形式呈现。除了和海报、视频配合外,很多场景都需要给文案配上一张或多张图片,要想实现图文并茂的效果,自然离不开图文的有效配合,这就是本章要讨论的主题。

20.1 文字表达和图像表达的关系

既然是给微文案配图片,那么它们要传递给大家的信息就必须是一致的,此时我们有必要搞清楚一个问题:同样的信息,文字表达和图像表达有什么区别?

这个问题要讲理论得单独开一章,咱们直接看一个对比实例。

看一个示例，如下图所示，如果不看右边的图片，只看"身边的幸福，触手可及"这句话，字面意思是单一的，但你脑子里浮现出来的可能是家人、朋友，也可能是宠物、花草或者窗外的阳光……

如果不看左边的文字，只看右边的图片，你脑子里跳出来的关键词会有很多，一家人、沙发、孩子、夫妻……

当我们把文字和图片放在一起看时，留下的印象只有一个：一家人在一起就是一种幸福。

从中不难发现：

（1）文字信息形成的第一印象是简单的，图像信息留下的第一印象是丰富的。

（2）抽象的文字需要经过思考才能变成具体的画面，而且想象出来的画面是发散的。

（3）直观的图像如果没有文字约束，给人留下的印象也是发散的。

这样我们就能得出一个结论：文字表达的优势在于**简单易懂**，图像表达的优势在于**直观生动**。这两种表达搭配在一起时，文字会指明图像里的"焦点"，图像又会把人们根据文字产生的联想向同一个方向引导，它们既互相强化，又互相限制。

20.2 用三个标准判断配图的有效性

厘清了图文之间的关系，给微文案配图的具体目的也就清楚了，只要能够实现下图所示的这三个效果，就代表着我们做到了图文并茂。

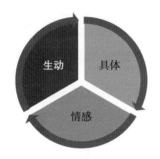

这三种效果，也是我们选择配图时的标准。

1. 生动

这里先要明确一个问题，虽然图片都会有天然的"画面感"，但是这种"生动"对于微文案来说不一定就是合适的。

比如前面例子中的那句文案：身边的幸福，触手可及。如果把配图换一下，比如下图这样。

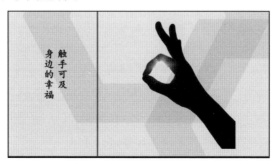

图片里的这只手同样很生动，但是这个生动和文案的表达对不上号，或者说有较大偏差。很显然，这句话里强调的是**"珍惜身边的幸福"**，图片却并不能把大家的第一印象引导到这个方向，那这种"生动"就完全没有效果。

配图要求的生动，是对微文案中心的生动诠释，而不是单纯的图像生动。

2. 具体

一张图片里必定有很多元素，我们要保证看的人第一眼就能从中确定一个具体场景，而且对于读者来说，这个场景越熟悉越好。比如下面这两张图。

左边图片里的场景主题可能是海、日出、雁飞，它给人们的第一印象偏笼统。而右边图片里，"两人结伴出游"的场景主题就更为明确。

在图片里，确定的场景有更好的引导效果，能够把观看者的注意力直接引导到文案想表达的方向，而不需要再从图片中去"分辨"哪些是有用的信息。

对于朋友圈发文案，我们经常会用一些聊天截图作为配图，有经验的朋友都会对其中的重要信息做出单独标注，比如用一个显眼的外框框起来，或者加一段红线表示强调，这也是在引导大家去关注具体的"画面"。

3. 情感

配图的理想效果是能够在一定程度上引发观看者的情感共鸣。换句话说，如果看到一张图片后根本没有任何情感共鸣产生，那我们对这张图片其实是"无感"的，这显然无法增强文案的表达效果。

通常，越贴近生活场景的图片，越容易引发情感共鸣。这也是前面我们强调图片场景要尽量为大家所熟知的原因。看到一幅画面，想起自己生活里相近的画面，这使我们更容易有自己的感触。

总结一下：**有效配图，以生动诠释文案中心为前提，用人们熟悉的具体场景来调动情感，吸引更多人关注。**

20.3 选择配图的具体步骤

虽说配图的具体选择千变万化，但我们还是可以按照一个相对固定的流程进行操作，这样能够保证大方向上的正确，不至于出现文指东、图打西的情况。

下面这四个步骤，大家在进行实际配图时可以参考。

第一步：用一两个关键词确定微文案的主题。

比如，一条关于汽车的微文案，主题可能是"安全"，也可能是

"舒适"或者"速度",把这个主题用关键词的形式提炼出来。

第二步:确定微文案里的情感。

一段微文案里有可能找不出很明确的情感,比如商品优惠活动的促销文案,或者一些互动欢迎之类的文案。对于情感表达不明显的文案,我们可以主动寻找其中的情绪,比如惊喜、开心、阳光、积极、温柔等,这些情绪同样可以作为选择配图时的参考。

第三步:根据文案主题关键词圈定场景轮廓。

以汽车文案要体现"舒适"为例,其中的情感是"对家人的关爱",那么**"和家人同车出行"**这个场景就可以成为一个选项。

第四步:根据微文案里的情感或者情绪细化具体场景。

比如在"和家人同车出行"这个场景里:丈夫开车,妻子抱着孩子坐在后排。跑过一段崎岖的山路后,丈夫停下车,回头看一下后排,孩子在妈妈的怀里睡得很香……

到这里,配图已经从轮廓变成了一幅细致的画面。

图文并茂,是文案和图片共同起作用的结果。实际配图中,可能很多图片都是我们从网上搜索得到的,无法在细节上有过多要求。但即便是这样,也至少要保证"中心生动,场景具体"这两点。在搜索图片时,可直接以提炼出的微文案主题关键词来搜索,这样能够更快找到符合上面两个要求的图片。

第21章 用好三类工具，实现高效创作

"工欲善其事，必先利其器"，这句话放在微文案创作上也是至理名言。

很多时候，我们可能构思一段文案就要花几十分钟的时间，也可能会在图片、视频的编辑上耗费一两个小时的时间。其实这往往不完全是个人效率问题，更多时候是我们没有用对工具，或者用对了工具却没有用对功能。如果能充分发挥出工具的效果，那么创作效率会大幅提高。

本章将分享三类实用辅助工具，用好它们，能帮你高效创作微文案。

21.1 思维导图在微文案里的应用

思维导图（见下图）的首创者是世界大脑先生东尼·博赞。从名字就能看出来，这是一款开拓思维的工具，或者说是一种思维模式。当下思维导图的应用已经非常广泛，各种版本的软件也比较多，比如XMind、MindMaster，这些工具使用起来都比较简单方便。如果你喜欢动笔的话，手绘思维导图也是一件很有趣味的事情。

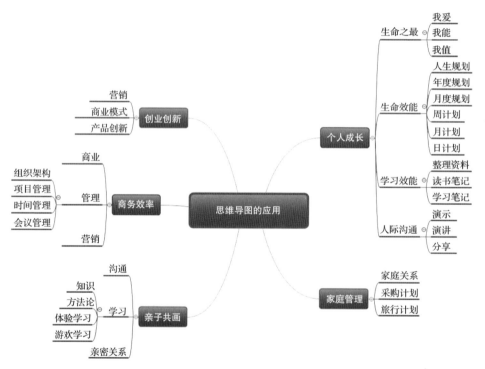

在前面的章节中，部分图片就是用思维导图软件绘制的，不过相对软件来说，头脑风暴式的思考过程以及对思维导图形成过程的记录才是思维导图的真正价值所在。

比如用思维导图来解决写微文案时的"词穷"问题，具体如下图所示。

这其实和前面章节提到的思维训练有异曲同工之处，从一个关键词出发，联想到尽可能多的和它有关系的人、事、物、词语、诗句等。我们的脑海里有很多词汇都处于"沉睡"中，通过适当的"刺激"，你会发现很多之前想不到的词汇都冒了出来。

除了解决词汇量的问题外，把思维导图用于日常素材的积累也很有效，我们甚至可以用思维导图创建一个自己专属的微文案素材库，读书时的感悟、平日里的见闻、影视剧里有价值的台词镜头……这些都可以随时添加到思维导图里面，日积月累，内容自然越来越丰富。

在小筑微文案培训中，我们会不定期开设思维导图方面的福利课，正式学员都可以免费学习。主讲这方面内容的花间词老师是思维导图方面的"老司机"了，下面这张素材库的简单轮廓图就是她的手绘作品。

另外,用思维导图来做文案创意也是一个好办法。与其拿到一个命题后在那里生憋硬想,还不如通过思维导图来一场头脑风暴。

文案创意从来都不是一件无中生有的事情,而是通过对很多熟悉的信息进行组合排列时产生新的想法,要做这件事情,思维导图无疑能够极大提高我们的效率。

从词汇联想,到素材积累,再到文案创意,借助思维导图每个人都可以积累起一本随时可用的"微文案宝典"。

21.2 图片处理类小工具的使用

用"三分拍七分修"来形容图片处理再恰当不过,经过加工处理的图片往往具备更高的颜值,甚至一些本来效果一般的图片,经过加工实现了"脱胎换骨"。

当然,具体加工过程肯定有很多技巧,像小筑微文案的媚眼老师,她在图片处理以及海报制作上都有丰富的经验。她把图片处理分成了下图所示的几个关键步骤。

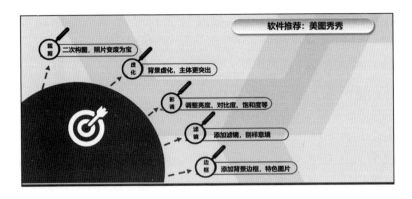

具体技巧这里不做讨论，这一节主要说一下相关软件工具的选用。

媚眼老师一贯主张软件在精不在多，主流工具只要用熟练一个，比如上面提到的美图秀秀，就能解决大部分修图问题。至于一些细节方面的处理，不同的软件都有各自的优势，我们可以根据具体需求，选用相关软件完成最后的优化。

下面就来看看不同的图片处理环节可以选用哪些软件。

1. 截图的普通处理

聊天截图是我们经常会用到的图片素材，尤其是在朋友圈场景里。对这类图片的普通处理（如裁剪、旋转、涂鸦标注等）不需要通过软件，微信和QQ自身就可以实现。

普通处理后的截图适用于聊天交流，如果想配文案发到朋友圈、公众号或其他平台，图片比例会受到一定限制，美感也略显不足。如果要进行比例、背景、边框、拼接等方面的处理，可以使用**美图秀秀**、**易截屏**、**截屏大师**等软件来做，这样效率更高。

2. 多张图片的拼图处理

美图秀秀可以实现不超过 9 张图片的拼接，不过操作起来略显麻烦，图片大小的调整以及添加文字的位置都不太好把控。当然还可以使用**玩图**，它的优势则在于拥有众多的模板和特效，如果你想拼出与众不同的感觉，那不妨试试这款软件。

如果有很多图片需要拼接在一起，可以使用 **Picsew、长图拼接**等软件。我个人比较推荐 Picsew，它的免费版不仅没有图片数量限制，而且支持竖向拼接和横向拼接，同时具备裁剪、文字标注等功能。

3. 图片效果精修处理

大家可以主要使用美图秀秀，想做一些特殊处理时，再尝试其他工具。不同软件在一些精细效果上各有擅长，大家可以根据个人喜好来选择。

（1）**PicsArt 美易**的优势在于具有图层编辑、双重曝光、一键抠图、多种贴纸背景等功能。

（2）**黄油相机**的优势是有多种文艺、唯美风格的模板，喜欢文艺范儿的人用它准没错。

（3）**Snapseed** 是一款专业软件，通过它除了可以进行基础调整外，还可以利用内置的蒙版功能做局部调整。另外，通过它，图片的曝光度、色温、饱和度等都可以自由调节。

在一些特定的拍摄场景里，有些软件能够处理出特定效果，比如用 **Foodie** 拍摄美食、用**轻颜相机**或者**美妆相机**来做自拍……都可有意外的收获。

图片处理的软件非常多，也很难评判出上下高低，还是像前面所说，将一款顺手的工具作为主打，个别的细节精修上再搭配 1～2 款其他软件就足够了。

21.3 视频编辑类小工具的使用

视频编辑是一件专业性很强的事，大部分长视频的处理都是在 PC 上借助专业软件完成的。不过对于和微文案配合使用的短视频来说，很多手机 App 的功能已经足够强大，用来做各种效果编辑绰绰有余。

在小筑微文案里，匠人晓老师是这方面的专家，她擅长美食、风景、人物方面的视频拍摄以及后期剪辑。

匠人晓老师的大部分视频编辑工作都是通过手机 App 完成的，从视频分割组合，到多维度的视频画质调节，再到转场、音乐添加、文字添加……借助小巧的手机 App，我们也完全可以把短视频加工得更吸睛。

下面，就来看几款视频编辑软件。

1. 剪映

"直通"抖音的视频剪辑 App，视频和音频的编辑功能都比较丰富。如果有多个视频需要进行编辑，在剪映里可以批量导入。剪映也支持对视频和图片混合导入。

除了常见的贴纸、滤镜、特效、美颜等功能，在效果剪辑方面，剪映支持分割裁剪视频、视频变速、修改添加音频、音频变声、人声增强等多种功能，另外也支持视频的倒放和旋转，软件里还自带多种转场特效。

通过剪映给视频添加旁白配音也很方便，在编辑界面选中音频区域就能添加录音，视频也会根据录音时间来调整，以实现"同步讲解"效果。

另外，剪映也支持字幕添加，并且有字幕识别功能，能够自动识别视频中的语音并转换为字幕。

如果你的视频发布平台是抖音，剪映是一个不错的选择。

2. 快影

快手官方推出的手机剪辑 App，基本功能都具备，不过不能对视频进行调色，可以在软件里直接启动照相机进行拍摄，这算是一个小的便利功能。

另外，快影支持直接制作文字视频，可以做出文字跳动的效果，这是一个亮点。

3. VUE VLOG

VUE VLOG 在 VLOG 制作方面很专业，里面也有多个模板。这款软件的特色是支持分段拍摄，用户可以自定义视频的长度以及分段数量，进而做出"分镜头"效果。

软件里有一个 VLOG 学院，通过该功能新手用户可轻松入门。

4. 小影

小影的功能很丰富，且大部分可以免费使用，但非付费用户在导出视频的时长上会有限制，且视频里会有水印。当然如果是付费用户，这些小麻烦就不存在了，还很能享受到 App 里自带的强大素材资源。

5. 巧影

在手机剪辑软件里，巧影算是更为专业化的一款 App。

软件的操作界面是横屏的，相对来说更利于动手操作。除基本的视频编辑功能之外，像"关键帧""画中画"这类更为专业化的效果都可通过其实现。

对于资深用户来说，巧影是一个更好的选择。

最后来总结一下。

- 对于大多数普通短视频的剪辑来说，用剪映（快影）就足够了。
- 要处理 VLOG 视频的话，VUE VLOG 是更好的选择。
- 追求高专业度、精细效果，那就用巧影。

后记
信息大时代，每个人都该有自己的声音

  写这本书的时候，恰逢《三十而已》热播。书稿完成，这部热剧也已经播完，在这里，我想借这个话题和大家说点题外话。

  当下，我们已经习惯了用诸如 80 后、90 后这样的年代标签去划分不同的小群体，从个人来说，二十岁、三十岁、四十岁这样的时间节点对于我们也往往有着不同寻常的意义。可以说，每个人的生活里都会有自己的年轮，而无数人的年轮汇集成河，折射出的就是时代发展变迁的印记。

  在这条河里，有的人竖起了自己的旗帜，有的人站住了自己的位置，也有的人留下了自己的印记，但还有很多人并不能从中找到自己的影子。那么你呢？你属于哪一类呢？

《三十而已》里的顾佳、王漫妮、钟晓芹身份不同，她们可以说是三个不同群体的代表，但是对于她们而言，三十岁都是人生里一个新时代的开始。当新旧交替的时刻到来时，她们有过迷茫、慌乱，甚至进入过歧途，不过她们最终都找到了新时代的生活方式，找对了自己的位置、自己的生活，当然，她们也必定会在这个时代里留下自己很深的印记。

对于观众来说，《三十而已》或许只是一个故事，但其实在生活里，我们每个人几乎每时每刻都要在这种时代变迁的阵痛里经受考验。顺应时代脉搏的，自然有资格享受时代赋予的红利；背离时代脉搏的，甚至难以找到一个舒适的存在方式。

当然，这种变迁更多时候是聚沙成塔式的渐变，而不是毫无征兆的突变，从这个角度来说，时代是公平的，它给了每个人公平的准备时间来适应即将到来的变迁。

我们不妨简单看看人们沟通方式的变迁：很多年之前，人们沟通的主要方式是信件投递；后来，电话这种方式把沟通变为即时化；再后来，BP机、手机又为即时沟通增加了随时随地的属性；然后就是我们更为熟悉的各种网络沟通方式……

那在你眼里，人们沟通方式最大的变化是什么？即时？便利？又或者是更丰富的体验感？我觉得这些都不是真正的改变。在我看来，这条变迁曲线里最大的突变在于**沟通边界的打破**——从点对点的封闭式沟通，到圈子对圈子的开放式沟通。圈子在一定程度上保障了沟通的私密性，圈子之间的交互又在很大程度上打破了沟通的边界。

一个最直观的表现是：以前，我们说一句话通常只有身边的人能听到；现在，我们说一句话甚至可以被全世界"听到"！

没错，在我眼里，这个信息大时代的最大红利就是所有人都有了对整个世界发声的机会。你可以分享自己的心情，发布自己的观点，传播自己的理念，推广自己的品牌或者产品……而且我们不需要花钱去"购买"大家的注意力，只要我们的表达有足够的吸引力，那整个世界都是我们的听众或者观众！

那么你做好准备了吗？做好顺应这个信息大时代的准备了吗？

如果你已经做好准备了，那么我希望微文案能帮你锦上添花；如果你还没有做好准备，那么我希望微文案能给你雪中送炭。

毫无疑问，这是一个大时代！

但是，这不是哪一个人、哪一个权威机构的大时代，它是我们所有人共同拥有的大时代。拿起微文案这个工具吧，我们每个人都应该在属于自己的时代里发出自己的声音，并让这个声音被更多人听到，被更多人接受，被更多人认可！

推荐阅读

推荐阅读

微信视频号：内容、运营与商业化实践

作者：龚铂洋 王易 ISBN：978-7-111-66852-7 定价：69.00元

这是一本指导个人或企业针对微信视频号进行内容制作、全方位运营以及商业变现的工具书。两位作者均是视频号早期实践者和创作者，很多单条视频播放量达到了百万级。在视频号商业化方面，两位作者在书中融入了多年的移动营销变现经验。本书内容丰富，包括账号定位、内容规划、视频录制、后期剪辑、新号冷启动、涨粉技巧、变现模式、系统运营、营销生态构建等商业化运营中会用到的内容。

序列式运营：引爆成交的社群运营新模式

作者：老壹 陈栋 ISBN：978-7-111-66771-1 定价：69.00元

本书从实战角度深度剖析了作者独创的社群运营新模式——序列式社群运营。这套作者耗时3年有余，通过在数百家企业不断实践淬炼得出的方法论，可以帮助广大社群运营人员用可控的流程获得预期成交效果。本书是实现高转化率、高复购率的实战指导手册，也是帮助企业通过有序、可控的流程获得预期效果的行业解决方案。